# 高校入試対策

# 英語リスニング練習問題

## 実践問題集　宮城県版
## 2025年春受験用

JN132482

 contents

K 教英出版

## ① 基本問題集（別冊）

英語リスニング問題を**7章の出題パターン別**に練習できる問題集です。
宮城県公立高校入試の英語リスニング問題の**出題パターンを重点的**に練習できます。

## ② 解答集（別冊）

①基本問題集の解答・解説・放送文・日本語訳などを収録。すべての問題の**放送文と日本語訳を見開きページで見る**ことができ，**単語や表現を1つずつ照らし合わせながら復習**ができます。

## ③ 実践問題集宮城県版（この冊子）

宮城県公立高校入試の**過去問題**(2回分)と，形式が似ている**実践問題**(3回分)を収録。
宮城県公立高校入試の**出題パターンの把握**や**入試本番に向けての練習**に最適です。

---

## 実践問題集 宮城県版 の特長と使い方

### 2回分の過去問題

宮城県公立高校入試で**実際に出題された**問題です。

### 3回分の実践問題

宮城県公立高校入試と**出題パターンが似ている**問題です。

### HOW TO 使い方

2ページの**過去の典型的な出題パターンと対策**で出題パターンを把握してから，**過去問題**と**実践問題**に進んでください。問題を解いた後に**解答例と解説**を見て，**答えにつながる聴き取れなかった部分を聴き直す**と効果的です。別冊の**基本問題集**で出題パターン別に練習して，**出題パターンに合った実力**をつけてからこの冊子に進むと，**過去問題**と**実践問題**をよりスムーズに解くことができます。

### 音声の聴き方

教英出版ウェブサイトの「**ご購入者様のページ**」に下記の「**書籍ID番号**」を入力して音声を聴いてください。

**ID 186006** （有効期限 2025年9月）

教英出版ウェブサイトの
「**ご購入者様のページ**」へ

# 過去の典型的な出題パターンと対策

▶ **絵・グラフ**… 対話や英文を聞き，絵やグラフを選ぶ　 別冊　第1章

 **放送文**

| | |
|---|---|
| *(Aya)*: | I visited Okinawa for three days last week. |
| *(Bob)*: | That's nice. It's snowy here today, but how was the weather in Okinawa? |
| *(Aya)*: | It was rainy on the first day. But on the second day it was cloudy, and on the third day it was sunny at last. |
| Question: | How was the weather when the girl arrived in Okinawa? |

対話を聞いて，質問に合う絵を**ア**～**エ**から1つ選び，記号を書きなさい。

 **問題**

ア　晴れ　　イ　くもり　　ウ　雨　　エ　雪

▶ **対話と質問(複数)**… 対話を聞き，複数の質問の答えを選ぶ　 別冊　第5章

 **放送文**

| | |
|---|---|
| Miki: | Hi, Jim. What will you do this weekend? |
| Jim: | Hi, Miki. On Saturday, I am going to go to see a popular movie in the new theater in front of the station. |

↓ この間省略

| | |
|---|---|
| Miki: | Well, shall I lend you the book? I think you can enjoy watching the movie more if you have some information about the team. |
| Jim: | Yes, please. The book will be helpful for getting ready to watch the movie. Thank you very much. |
| Question 1: | What was the thing Miki liked the best about the movie? |
| Question 2: | What will Jim probably do before he watches the movie? |

対話を聞いて，それぞれの質問に合うものを**ア**～**エ**から1つ選び，記号を書きなさい。

(1)　ア　The actor.　　　イ　The history.　　　ウ　The story.　　　エ　The theater.

(2)　ア　He will listen to the music in the movie with Miki.
　　　イ　He will read the book which he is going to borrow.
　　　ウ　He will talk about the story of the movie with Miki.
　　　エ　He will get ready to write a book about the movie.

 **問題**

▶ **作文**… 対話や英文を聞き，英文で答える　 別冊　第7章

 **放送文**

| | |
|---|---|
| *Jack*: | Mom, can I have breakfast at 6 tomorrow? |
| *Mother*: | It's Saturday tomorrow. Do you have classes? |
| *Jack*: | No, we don't have school, but I have to get up early. |
| *Mother*: | Why? |
| *Jack*: | (　　　　　　　　　　　　　　) |

 **問題**

　これから，中学生の Jack と Jack の母親との対話を放送します。その中で，母親が Jack に質問をしています。Jack に代わってあなたの答えを英文で書きなさい。2文以上になってもかまいません。

## 対策ポイント

**Point** ☞

　作文の問題では，2回の放送で質問の内容を確実に聞き取ろう。英文を作るのはその後で十分。難しい単語や文法は使わず，正しく書けるもので英文を作ろう。

（放送によるテスト）　次の**問題1**から**問題4**に答えなさい。

**問題1**　二人の会話を聞いて，そのあとの質問に対する答えとして，最もふさわしい絵を，それぞれア，イ，ウ，エの中から1つ選んで，その記号を**解答用紙**に書きなさい。

1番

ア　イ　ウ　エ

2番

ア
6月
**30**
月曜日

イ
6月
**30**
火曜日

ウ
7月
**3**
月曜日

エ
7月
**3**
火曜日

**問題2**　由香（Yuka）とクリス（Chris）が会話をします。二人の会話は，問題用紙に示されている順に進みます。　　　　　に入る発言として最も適切なものを，それぞれア，イ，ウ，エの中から1つ選んで，その記号を**解答用紙**に書きなさい。放送される会話の　　　　　のところでは，チャイム音が鳴ります。

1番　*Yuka:*　・・・・・・・・・・・・・・・
　　　*Chris:*　・・・・・・・・・・・・・・・
　　　*Yuka:*　・・・・・・・・・・・・・・・
　　　*Chris:*　（チャイム音）

　　ア　I'm glad you ate everything.
　　イ　Please set the table, thank you.
　　ウ　Oh, would you like some more?
　　エ　My mom taught me how, thanks.

2番　*Yuka:*　・・・・・・・・・・・・・・・
　　　*Chris:*　・・・・・・・・・・・・・・・
　　　*Yuka:*　・・・・・・・・・・・・・・・
　　　*Chris:*　（チャイム音）

　　ア　I made it for you.
　　イ　Here's your change.
　　ウ　That's a nice choice.
　　エ　I don't need T-shirts.

**問題3** 高校生の真奈が，講演のため来校したグリーンさんにインタビューをします。そのあとでインタビューの内容について3つの質問をします。それらの質問に対する答えとして最も適切なものを，それぞれア，イ，ウ，エの中から1つ選んで，その記号を**解答用紙**に書きなさい。

1番　ア　He is a soccer player.
　　　イ　He is a basketball player.
　　　ウ　He is a teacher.
　　　エ　He is a chef.

2番　ア　If you want to start a new thing, you can learn it from your family.
　　　イ　If you want to start a new thing, you're never too old to try it.
　　　ウ　If you want to start a new thing, you need to find a good teacher.
　　　エ　If you want to start a new thing, you must not start it too early.

3番　ア　He liked sports and wrote a book about basketball.
　　　イ　He played soccer because his sister liked playing it.
　　　ウ　He started to learn cooking when he was 17 years old.
　　　エ　He began playing soccer ten years ago and soon he liked it.

**問題4** ケビン（Kevin）とケビンの母親（Mother）が会話をします。二人の会話は，問題用紙に示されている順に進み，母親がケビンに質問をします。ケビンになったつもりで，[　　　　　]に入る適切な発言を考えて，**英語で解答用紙**に書きなさい。放送される会話の[　　　　　]のところでは，チャイム音が鳴ります。

*Mother:* ・・・・・・・・・・・・・・
*Kevin:* ・・・・・・・・・・・・・・
*Mother:* ・・・・・・・・・・・・・・
*Kevin:* | 　　　（チャイム音）　　　 |

| 問題1 | 1番 | |
| | 2番 | |
| 問題2 | 1番 | |
| | 2番 | |
| 問題3 | 1番 | |
| | 2番 | |
| | 3番 | |
| 問題4 | -------------------------------------------------- |

放送を聞いて**問題１**から**問題４**に答えなさい。 放送中に問題用紙にメモをとってもかまいません。

　**問題１**，二人の会話を聞いて，そのあとの質問に対する答えとして，最もふさわしい絵を，それぞれ**ア，イ，ウ，エ**の中から１つ選んで，その記号を**解答用紙**に書きなさい。会話と質問は，それぞれ**２回**繰り返します。では，始めます。

**1番** *Jane:* 　Ken, let's watch a movie tomorrow.
　　　*Ken:* 　Sorry, I'm going to practice baseball. How about next Sunday?
　　　*Jane:* 　Oh, I have a guitar lesson on that day.
　　　　　　**What is Ken's plan for tomorrow?**
　　　　　　　　　（この間約　4　秒）

　　　　繰り返します。

**2番** *Ian:* 　We have a math test on July third.
　　　*Kayo:* 　Oh, the date was changed. It's on June 30th.
　　　*Ian:* 　Really? That's next Monday, right?
　　　*Kayo:* 　No, it's next Tuesday.
　　　　　　**When is the math test?**
　　　　　　　　　（この間約　4　秒）

　　　　繰り返します。

　　次に**問題２**に移ります。由香（Yuka）とクリス（Chris）が会話をします。二人の会話は，問題用紙に示されている順に進みます。空欄に入る発言として最も適切なものを，それぞれ**ア，イ，ウ，エ**の中から１つ選んで，その記号を**解答用紙**に書きなさい。放送される会話の空欄のところでは，チャイム音（チャイム音）が鳴ります。会話は，それぞれ**２回**繰り返します。では，始めます。

**1番** *Yuka:* 　Are you cooking lunch, Chris?
　　　*Chris:* 　Yes, I am. It's almost ready.
　　　*Yuka:* 　Is there anything I can do?
　　　*Chris:* 　（チャイム音）
　　　　　　　　　（この間約　4　秒）
　　　　繰り返します。

**2番** *Yuka:* 　These T-shirts look so nice.
　　　*Chris:* 　I agree. I think I'll buy this one. How about you?
　　　*Yuka:* 　Maybe I'll get that blue one.
　　　*Chris:* 　（チャイム音）
　　　　　　　　　（この間約　4　秒）

　　　　繰り返します。

次に**問題3**に移ります。高校生の真奈が，講演のため来校したグリーンさんにインタビューをします。そのあとでインタビューの内容について3つの質問をします。それらの質問に対する答えとして最も適切なものを，それぞれア，イ，ウ，エの中から1つ選んで，その記号を**解答用紙**に書きなさい。はじめに会話，続いて質問の順で，2回繰り返します。では，始めます。

*Mana:* Thank you for coming today, Mr. Green. My name is Mana.
*Mr. Green:* You're welcome, Mana. Nice to meet you.
*Mana:* I always enjoy watching your game on TV.
*Mr. Green:* Oh, thank you.
*Mana:* Did you start playing soccer when you were a child?
*Mr. Green:* No. I played basketball first. My sister was on a basketball team, so I played it with her.
*Mana:* I see. Then, when did you start playing soccer?
*Mr. Green:* I started it when I was 17 years old. My teacher asked me to join the school soccer team. I tried it, and soon I loved it.
*Mana:* Really? Then you started soccer only ten years ago. Now you play soccer as your job. I'm surprised!
*Mr. Green:* Mana, if you want to try something new, it's never too late to start. My sister started to learn cooking at 30 years old, and now she is a chef at a restaurant!

続いて質問に移ります。

**1番** What is Mr. Green's job?
（この間約 4 秒）

**2番** What was Mr. Green's important message?
（この間約 4 秒）

**3番** Which is true about Mr. Green?
（この間約 7 秒）

会話を繰り返します。


次に**問題4**に移ります。ケビン（Kevin）とケビンの母親（Mother）が会話をします。二人の会話は，問題用紙に示されている順に進み，母親がケビンに質問をします。ケビンになったつもりで，空欄に入る適切な発言を考えて，**英語で解答用紙に書きなさい**。放送される会話の空欄のところでは，チャイム音（チャイム音）が鳴ります。会話を2回繰り返したあとに，答えを記入する時間をとります。では，始めます。

*Mother:* Kevin, please stay home tomorrow afternoon. Your grandfather is going to come.
*Kevin:* Sorry Mom, but I can't.
*Mother:* Why?
*Kevin:* （チャイム音）
（この間約 3 秒）

繰り返します。

これで放送によるテストを終わります。

# 過去問題 B

**問題1** 英語を聞いて，その内容を最も適切に表しているものを，それぞれア，イ，ウ，エの中から1つ選んで，その記号を**解答用紙**に書きなさい。

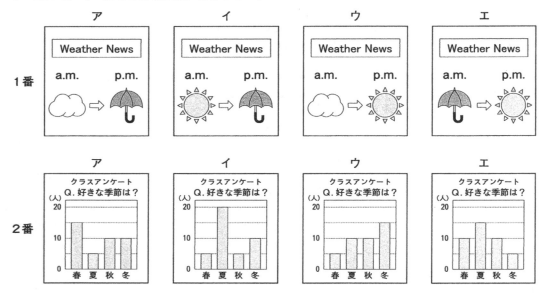

**問題2** 亜子（Ako）とマイク（Mike）が会話をします。二人の会話は，問題用紙に示されている順に進みます。　　　　　　　に入る発言として最も適切なものを，それぞれア，イ，ウ，エの中から1つ選んで，その記号を**解答用紙**に書きなさい。会話の　　　　　　　のところでは，チャイム音が鳴ります。

**1番** *Ako:* ・・・・・・・・・・・・・・・
　　　 *Mike:* ・・・・・・・・・・・・・・・
　　　 *Ako:* ・・・・・・・・・・・・・・・
　　　 *Mike:* （チャイム音）

　　ア　Just push here.
　　イ　Take many pictures.
　　ウ　It's my father's.
　　エ　Of course, you can.

**2番** *Mike:* ・・・・・・・・・・・・・・・
　　　 *Ako:* ・・・・・・・・・・・・・・・
　　　 *Mike:* ・・・・・・・・・・・・・・・
　　　 *Ako:* （チャイム音）

　　ア　Thank you for telling me about it.
　　イ　Are you looking for yours, too?
　　ウ　History is your favorite subject.
　　エ　It's blue and my name is on it.

**問題3** 留学生のジョン（John）と青木先生（Ms. Aoki）が会話をします。そのあとで会話について3つの質問をします。それらの質問に対する答えとして最も適切なものを，それぞれア，イ，ウ，エの中から1つ選んで，その記号を**解答用紙**に書きなさい。

1番　ア　He wanted to ask her about his classmates.
　　　イ　He wanted to know how to study Japanese.
　　　ウ　He wanted to talk about his future dream.
　　　エ　He wanted to take her Japanese class.

2番　ア　He should study Japanese with more books.
　　　イ　He should speak English more slowly.
　　　ウ　He should use Japanese more in his daily life.
　　　エ　He should make new Japanese friends.

3番　ア　He teaches English to his classmates after school.
　　　イ　He usually studies Japanese through reading and writing.
　　　ウ　He talked with Ms. Aoki in Japanese to practice speaking.
　　　エ　He showed the best way to study a language to Ms. Aoki.

**問題4** アン（Ann）と智樹（Tomoki）が会話をします。二人の会話は，問題用紙に示されている順に進み，アンが智樹に質問をします。智樹になったつもりで，　　　　　　　　　に入る適切な発言を考えて，**英語で解答用紙**に書きなさい。会話の　　　　　　　　　のところでは，チャイム音が鳴ります。

Ann:　　・・・・・・・・・・・・・・
Tomoki:　・・・・・・・・・・・・・・
Ann:　　・・・・・・・・・・・・・・
Tomoki:　| 　　　（チャイム音）　　　 |

| 問題1 | 1番 | |
| | 2番 | |
| 問題2 | 1番 | |
| | 2番 | |
| 問題3 | 1番 | |
| | 2番 | |
| | 3番 | |
| 問題4 | ------------------------------------------------- |

放送を聞いて問題1から問題4に答えなさい。放送中に問題用紙にメモをとってもかまいません。

**問題1**，英語を聞いて，その内容を最も適切に表しているものを，それぞれア，イ，ウ，エの中から1つ選んで，その記号を**解答用紙**に書きなさい。英語は，それぞれ2回放送されます。では，始めます。

**1番**　It's cloudy now but it'll be sunny in the afternoon.　You don't have to worry about rain.

（この間約　4　秒）

繰り返します。

**2番**　In this class, summer is the most popular.　Spring and fall are more popular than winter.

（この間約　4　秒）

繰り返します。

次に**問題2**に移ります。亜子（Ako）とマイク（Mike）が会話をします。二人の会話は，問題用紙に示されている順に進みます。空欄に入る発言として最も適切なものを，それぞれア，イ，ウ，エの中から1つ選んで，その記号を**解答用紙**に書きなさい。会話の空欄のところでは，チャイム音（チャイム音）が鳴ります。会話は，それぞれ2回放送されます。では，始めます。

**1番**　*Ako:*　　　　I'll take your picture, Mike.
　　　*Mike:*　　　Oh, thank you.　Here's my camera.
　　　*Ako:*　　　How do you use this?
　　　*Mike:*　　（チャイム音）

（この間約　4　秒）

繰り返します。

**2番**　*Mike:*　　　Ako, what are you looking for?
　　　*Ako:*　　　I can't find my history notebook.　I need it for tomorrow's class.
　　　*Mike:*　　I'll help you.　What does it look like?
　　　*Ako:*　　　（チャイム音）

（この間約　4　秒）

繰り返します。

次に問題3に移ります。留学生のジョン（John）と青木先生（Ms. Aoki）が会話をします。そのあとで会話について3つの質問をします。それらの質問に対する答えとして最も適切なものを，それぞれア，イ，ウ，エの中から1つ選んで，その記号を解答用紙に書きなさい。はじめに会話，続いて質問の順で，2回放送されます。では，始めます。

| | |
|---|---|
| *John:* | Ms. Aoki, may I talk to you now? |
| *Ms. Aoki:* | Sure, John. What is it about? |
| *John:* | I want to know a good way to learn Japanese. My dream is to make Japanese anime, so I want to be good at Japanese. |
| *Ms. Aoki:* | That's wonderful! |
| *John:* | Thanks, but I have a problem. I'm studying hard, but my Japanese isn't improving. Today my classmates talked to me in Japanese, but I couldn't understand them. |
| *Ms. Aoki:* | I see. John, how do you usually study Japanese? |
| *John:* | I read books written in easy Japanese. Also, I write *kanji* many times. |
| *Ms. Aoki:* | Well, studying language with books is important, but using language in everyday life is also important. Why don't you talk to your classmates more in Japanese? When you can't understand them, just ask them to speak slowly. They are studying English, so they know how you feel. |
| *John:* | Thank you, I'll try that. Tomorrow, I'm going to talk to my classmates in Japanese a lot. |
| *Ms. Aoki:* | That will be great. |

続いて質問に移ります。
1番 Why did John talk to Ms. Aoki?
　　（この間約 4 秒）
2番 What was Ms. Aoki's advice to John?
　　（この間約 4 秒）
3番 Which is true about John?
　　（この間約 7 秒）

会話を繰り返します。


次に問題4に移ります。アン（Ann）と智樹（Tomoki）が会話をします。二人の会話は，問題用紙に示されている順に進み，アンが智樹に質問をします。智樹になったつもりで，空欄に入る適切な発言を考えて，英語で解答用紙に書きなさい。会話の空欄のところでは，チャイム音（チャイム音）が鳴ります。会話を2回放送したあとに，答えを記入する時間をとります。では，始めます。

| | |
|---|---|
| *Ann:* | Our ALT, Mr. Brown's birthday is next week. |
| *Tomoki:* | Oh, really? Let's do something for him. |
| *Ann:* | Yes! What shall we do? |
| *Tomoki:* | （チャイム音） |
| | 　　　　（この間約 3 秒） |

繰り返します。


これで放送によるテストを終わります。

# 実践問題 A

## 1 リスニングテスト

(1) （会話を聞き，質問に対する答えとして最も適切な絵を選ぶ問題） **2回ずつ放送**

① ア　イ　ウ　エ

② ア　イ　ウ　エ

(2) （会話を聞き，会話の最後の文に対する応答として最も適切なものを選ぶ問題）
**1回ずつ放送**

① ア　I went to Canada.　　　　　　イ　They were very kind.
　ウ　You had a good time, too.

② ア　Sounds nice.　　　　　　　　イ　No, I can't.
　ウ　I have to go to the hospital.

③ ア　He is in the gym.　　　　　　イ　His book is on the desk.
　ウ　He is from Akita.

(3) （会話を聞き，質問に対する答えとして最も適切なものを選ぶ問題）　**2回ずつ放送**

① ア　To get the ticket for the concert.　　イ　To practice for the concert.
　ウ　To meet Mr. Jones.　　　　　　　　エ　To be a brass band member.

② ア　Next Sunday.　　　　　　　　　　イ　At the new hall.
　ウ　This Friday.　　　　　　　　　　エ　At school.

③ ア　He will go to the hall right now.　　イ　He will practice more.
　ウ　He will meet Kana tomorrow.　　　エ　He will ask the music teacher.

(4) （トムの話を聞き，その内容として適切なものを**2つ**選ぶ問題と，トムの最後の問いか
けに対して，トムの話を踏まえ，**1つの英文**であなたの**[質問]**を書く問題）
**2回放送**

　ア　Tom has seven classes every day.
　イ　Tom is good at Spanish and studies it hard.
　ウ　Tom will learn Japanese because he likes Japanese comics.
　エ　Tom has lunch in his classroom with his friends.

　　[質問] _____ ？

| | | | |
|---|---|---|---|
| (1) | ① | | |
| | ② | | |
| (2) | ① | | |
| | ② | | |
| | ③ | | |
| (3) | ① | | |
| | ② | | |
| | ③ | | |
| (4) | | | |
| | [質問] | | ? |

## 実践問題 A　[放送文]

　　問題は(1)から(4)まであります。聞きながらメモをとってもかまいません。また，(2)の会話は1回しか放送されませんので，注意して聞いてください。(間2秒)

　　(1)を始めます。問題は2つです。二人の会話とそれについての質問を聞いて，答えとして最も適切な絵を，それぞれ**ア，イ，ウ，エ**から**1つずつ**選んで記号を書きなさい。会話と質問は通して2回ずつ放送されます。では始めます。

① (A男)：Wow, it's very beautiful!　Can I take a picture?
　(B女)：Sure.
　(A男)：Thank you.　I'm interested in calligraphy. (間2秒)

　　Question ：　What is he going to do? (間2秒)繰り返します。
　　　　　　　　(間3秒)

② (A女)：It was raining all day yesterday.　What did you do, Ken?
　(B男)：I read books at home.　I wanted to play tennis outside, but I couldn't.
　(A女)：Oh, I see.　I watched TV at home. (間2秒)

　　Question ：　What did Ken do yesterday? (間2秒)繰り返します。
　　　　　　　　(間5秒)


　　(2)に移ります。問題は3つです。二人の会話を聞いて，それぞれの会話の最後の文に対する応答として最も適切なものを，それぞれ**ア，イ，ウ**から**1つずつ**選んで記号を書きなさい。会話は通して1回だけ放送されます。では始めます。

① (A女)：You look happy.
　(B男)：Yes.　I got a letter from my host family in Canada.
　(A女)：I see.　Please tell me more about them.
　　　　(間7秒)

② (A女)：Hello.
　(B男)：Hello.　Can I change the plan for next Saturday?
　(A女)：No problem.　Are you busy on that day?
　　　　(間7秒)

③ (A男)：This book has been here since yesterday.
　(B女)：It's Yuta's.
　(A男)：Oh, where is he now?
　　　　(間7秒)

(3)に移ります。中学生の香菜(Kana)が，ＡＬＴのジョーンズ先生(Mr. Jones)と会話をしています。会話の後で，3つの質問をします。答えとして最も適切なものを，それぞれ**ア，イ，ウ，エ**から1つずつ選んで記号を書きなさい。会話と質問は通して2回ずつ放送されます。では始めます。

(*Mr. Jones*) : I saw you in front of the new concert hall yesterday.

(*Kana*) : I was there to practice for the concert with my brass band members.

(*Mr. Jones*) : How was practice?

(*Kana*) : Good.　But we need to practice more.

(*Mr. Jones*) : When is the concert?

(*Kana*) : Next Sunday.　We'll practice at the concert hall again this Friday.

(*Mr. Jones*) : I want to go to the concert.　Do I need a ticket?

(*Kana*) : Yes.　You can get it from our music teacher, Ms. Sato.

(*Mr. Jones*) : I see.　I'll ask her about it.　I'm looking forward to the concert.

(*Kana*) : Thank you.　I'll do my best.

(間3秒)


Questions : ① Why did Kana go to the new concert hall?　(間5秒)

② When will the concert be held?　(間5秒)

③ What will Mr. Jones do to get a ticket?　(間5秒)繰り返します。

(間5秒)


(4)に移ります。トム(Tom)はアメリカの中学生です。あなたは英語の授業中に，オンラインでトムの話を聞いています。その内容として適切なものを，**ア，イ，ウ，エ**から**2つ**選んで記号を書きなさい。また，最後の問いかけに対して，トムの話を踏まえ，**1つの英文**であなたの**[質問]**を書きなさい。トムの話は2回放送されます。はじめに15秒間，選択肢に目を通しなさい。(間15秒)では始めます。

Hello, everyone.　Today, I'll talk about my school life.　I have four classes in the morning and three in the afternoon every day.　At my school, the students can learn some languages.　I study Spanish.　I'm not good at it, but I study it hard because I want to go to Spain someday. Next year, I'm going to study one more language, Japanese, because I like Japanese comics. At lunch time, I eat my favorite food at the school cafeteria with my friends.　Pizza and sandwiches are popular.　Now, do you have any questions about my school life?

(間20秒)繰り返します。

(間20秒)


これでリスニングテストを終わります。次の問題に移ってください。

# 実践問題 B

**問題A** 下の No. 1 〜 No. 3 のイラスト，グラフのそれぞれについて，英文 **A**，**B**，**C**が順番に読まれます。説明として正しいか，誤っているかを判断して，解答例のように○で囲みなさい。なお，正しいものはそれぞれ 1 つとは限りません。

解答例

| 解答欄例 | A | B | C |
|---|---|---|---|
| | ⓒ正 | ⓒ正 | 正 |
| | 誤 | 誤 | ⓒ誤 |

No. 1

| 解答欄 No. 1 | A | B | C |
|---|---|---|---|
| | 正 | 正 | 正 |
| | 誤 | 誤 | 誤 |

No. 2

| 解答欄 No. 2 | A | B | C |
|---|---|---|---|
| | 正 | 正 | 正 |
| | 誤 | 誤 | 誤 |

No. 3 太郎さんの学校のアンケート結果

| 解答欄 No. 3 | A | B | C |
|---|---|---|---|
| | 正 | 正 | 正 |
| | 誤 | 誤 | 誤 |

**問題B** No. 1，No. 2 の対話を聞き取り，あとの英語の質問の答えとして最も適切なものを **A**，**B**，**C**，**D**の中から 1 つ選んで記号で答えなさい。

No. 1

質問1
**A** Yukio left Japan with Jim yesterday.
**B** Yukio bought a soccer ball with Jim yesterday.
**C** Yukio practiced soccer with Becky yesterday.
**D** Yukio bought a present for Jim yesterday.

質問2
**A** Leave Japan next month.
**B** Get a present for Yukio.
**C** Buy a T-shirt for Jim.
**D** Practice soccer with Jim.

No. 2

解答欄 No. 1

| 質問1 | | 質問2 | |
|---|---|---|---|

解答欄 No. 2

| |
|---|

**問題C** 由美子(Yumiko)さんはカナダ出身の友達のトム(Tom)さんと話した後，留学生のエミリー(Emily)さんに電子メールを送りました。由美子さんとトムさんの対話を聞き，下線部①，②に最も適する英語を 1 語ずつ入れ，下の電子メールを完成させなさい。
**由美子さんがエミリーさんに送った電子メール**

Hi, Emily. Tom said he was interested in the movie, *The Happiest Panda*." He and I talked about going to see the movie on ① _____, so why don't we all go together? We can see the movie together in the morning and then you and I can go ② _____ later. What do you think?　　　　　Yumiko

**問題D** ALT のジェシカ(Jessica)先生の話と質問を聞き，英語で答えなさい。
解答欄

| |
|---|
| |

(16)　放送文は次ページ。解答例と解説は 26 ページにあります。

## 問題A　放送文（3つの英文を聞いて，それぞれがイラストやグラフの内容に合っているかどうかを答える問題）

No.1　A　We can use this to drink coffee.
　　　B　This is always used when we clean the room.
　　　C　All Japanese people buy this every day.

No.2　A　The boy is walking with his dog.
　　　B　It's a fine day and it's not raining.
　　　C　The girl is riding a bike to school.

No.3　A　Soccer is more popular than tennis in Taro's school.
　　　B　Baseball is the most popular of all in Taro's school.
　　　C　Basketball is as popular as tennis in Taro's school.

## 問題B　放送文（対話を聞いて，質問に対する答えを選ぶ問題）

No.1　A: Yukio, I hear Jim is going to leave Japan next month.  Did you know?
　　　B: Yes, Becky.  Yesterday I bought a present for him and he doesn't know about it.
　　　A: What did you buy?
　　　B: A soccer ball, because Jim and I are members of the soccer team.  We have practiced soccer together since we were seven.
　　　A: That's nice.  I hear you and Jim are good friends.  I think I should give him a present too.
　　　B: Well, how about a T-shirt?
　　　A: Sounds good.  Jim has been so nice to us.  I'll miss him.
　　　B: I'll miss him too.

　質問1　Which is true?

　質問2　What will Becky do?

No.2　A: Hi, Masaya.  Can you help me?  How can I get to the post office?
　　　B: Hello, Ms. Green.  Sure, I can help you.  Well, go down the street that goes to the station.  You'll see the bookstore on your left.
　　　A: Oh, I think I know that bookstore.  Is it near the park?
　　　B: Yes.  Turn left at the bookstore.  Then go straight and turn right at the flower shop.  You'll find the post office on your left.
　　　A: Thank you very much.

　質問　Where is the post office?

## 問題C　放送文（対話を聞いて，話の内容を完成させる問題）

A: Hi, Tom.
B: Hi, Yumiko.  Do you have any plans for this weekend?
A: Yes, I'm going to visit my grandfather's house on Sunday.  How come?
B: Well, I want to see the movie, *The Happiest Panda.*  Can we see it together?
A: Sounds good.  I want to see it too, and I'm planning to see it with Emily.  Oh, why don't we all go together?
B: OK.  It's no problem.
A: How about Saturday morning?  Emily and I are also planning to go shopping that afternoon.
B: I see.  The movie starts at 10:20, so let's meet around 10:00 at the station.
A: That's great.  I will tell her about our plan later.

## 問題D　放送文（英語の指示に従って，英語で答える問題）

　　Hello.  I'm Jessica.  I have lived in Toyama as an ALT for three years.  I'm happy when I teach English to my students.  They teach me about interesting things in Toyama.  Now I have two questions.  What makes you happy?  And why?

# 実践問題 C

放送を聞いて答えなさい。

《その1》　話される英語を聞いて，それぞれの後の質問に対する答えとして最も適当なものを，アからエまでの中からそれぞれ1つ選びなさい。

1

2

3

4

《その2》　カナダに留学している健（Ken）さんの留守番電話に，ジョン（John）さんからメッセージが入っていました。ジョンさんが健さんに伝えたいことは何ですか。最も適当なものを，アからエまでの中から1つ選びなさい。

ア　To practice baseball.
イ　To join the game.
ウ　To teach baseball.
エ　To buy a ticket for the game.

| 《その1》 | 1 | | 2 | |
| | 3 | | 4 | |
| 《その2》 | | | | |

《その3》　高校に入学した香菜（Kana）さんは，アメリカ合衆国からの留学生であるトム(Tom)さんとどの部活動に入るかを話しています。放送を聞いて，会話の後の1から3までの質問に対する最も適当な答えを，アから工までの中からそれぞれ1つ選びなさい。

　　　　また，あなたも二人と一緒に話しているとして，あなたなら最後の香菜さんの質問にどのように答えますか。香菜さんとトムさんのやり取りの内容をふまえて，4の解答欄に5語以上の英語で書きなさい。

Kana　　　　You　　　　Tom

1　ア　Yes, he is.
　　イ　No, he isn't.
　　ウ　Yes, he does.
　　エ　No, he doesn't.


2　ア　One.
　　イ　Two.
　　ウ　Three.
　　エ　Four.


3　ア　She will make a lot of friends.
　　イ　She will watch more club activities.
　　ウ　She will sing songs with Tom.
　　エ　She will practice hard to sing better.


4　あなたも二人と一緒に話しているとして，あなたなら最後の香菜さんの質問にどのように答えますか。香菜さんとトムさんのやり取りの内容をふまえて，5語以上の英語で書きなさい。

問題は《その１》から《その３》まであります。聞いている間にメモをとってもかまいません。

　まず，《その１》から始めます。これから話される英語を聞いて，それぞれの後の質問に対する答えとして最も適当なものを，問題用紙に示されたアからエまでの中からそれぞれ１つ選びなさい。英語は，それぞれ２回放送します。それでは，始めます。

No.1　A: Kenta, how can I use this?
　　　B: We put it by a window in summer time.  We enjoy its sound.
　　　A: That's nice.
　　　Question：What did Kenta explain?
　　　繰り返します。
　　　〔英文をもう一度読む。〕

No.2　A: Bob, I found your watch under your bed.
　　　B: Thank you, Mom.  Where is it now?
　　　A: It's on the desk in your room.
　　　Question: Where is Bob's watch?
　　　繰り返します。
　　　〔英文をもう一度読む。〕

No.3　A: Ms. Smith, I'm sorry I'm late.
　　　B: What happened, David?
　　　A: I usually take the bus at 7:50, but it was late today.
　　　B: How long did you wait at the bus stop?
　　　A: I had to wait for 10 minutes.
　　　Question: What time did the bus come this morning?
　　　繰り返します。
　　　〔英文をもう一度読む。〕

No.4　A: Excuse me.  I want to buy a present for my sister.
　　　B: How about these T-shirts?  The black one is 22 dollars and the white one is 18 dollars.
　　　A: I only have 20 dollars.  My sister will like the one with flowers.   I will take that one.
　　　Question: Which T-shirt will the girl buy for her sister?
　　　繰り返します。
　　　〔英文をもう一度読む。〕

次に，《その2》に入ります。カナダに留学している健（Ken）さんの留守番電話に，ジョン（John）さんからメッセージが入っていました。ジョンさんが健さんに伝えたいことは何ですか。最も適当なものを，問題用紙に示されたアからエまでの中から1つ選びなさい。英語は，2回放送します。それでは，始めます。

Hello, Ken.　This is John.　We need your help.　We are going to have a baseball game this Sunday, but one of our players cannot come to the game.　We are looking for a person to play with us.　I heard you like baseball.　If you can come to the game, please call me.
　　　繰り返します。
　　　〔英文をもう一度読む。〕

次に，《その3》に入ります。高校に入学した香菜（Kana）さんは，アメリカ合衆国からの留学生であるトム（Tom）さんとどの部活動に入るかを話しています。放送を聞いて，会話の後の1から3までの質問に対する最も適当な答えを，問題用紙に示されたアからエまでの中からそれぞれ1つ選びなさい。また，あなたも二人と一緒に話しているとして，あなたなら最後の香菜さんの質問にどのように答えますか。香菜さんとトムさんのやり取りの内容をふまえて，4の解答欄に5語以上の英語で書きなさい。会話と質問は通して2回放送します。それでは，始めます。

A:　Tom, are you interested in a club?
B:　I watched two club activities yesterday, but I haven't decided yet.
A:　How were they?
B:　The volleyball team looked hard for me, and the tennis team looked fun.
A:　Then, you are interested in the tennis team, right?
B:　Yes, but I'm worried because I've never played tennis.
A:　You should try a new thing.　It's good to start something new in high school.
B:　That's right.
A:　Were you a member of a club in America?
B:　In America, we often play a different sport in each season.　I played soccer in fall, basketball in winter, and baseball in spring.
A:　Really?　I am surprised to hear that.
B:　Well, which club activities are you interested in, Kana?
A:　I am interested in the chorus.　I like singing with other people.　I will practice hard to improve my performance in the chorus.
B:　Great.　I'd like to watch more club activities before I choose one.
A:　How about you?　Which club do you want to join?

Question 1:　Is Tom on the tennis team?
Question 2:　How many sports did Tom play in America?
Question 3:　What will Kana do in the chorus in high school?
　　　繰り返します。
　　　〔英文をもう一度読む。〕

以上で，聞き取りテストの放送を終わります。

**解答例**

問題1．1番…エ　2番…イ

問題2．1番…イ　2番…ウ

問題3．1番…ア　2番…イ　3番…エ

問題4．Because I'm going to see my friend.

**解説**

問題1

1番　質問「ケンの明日の予定は何ですか?」…ジェーン「ケン，明日映画を見ましょう」→ケン「ごめん，野球の練習をする予定なんだ」より，エが適切。

2番　質問「数学のテストはいつですか?」…イアン「7月3日に数学のテストがあるね」→カヨ「日にちが変更されたのよ。6月30日よ」→イアン「そうなの?それって来週の月曜日?」→カヨ「いいえ，来週の火曜日よ」より，イが適切。

問題2

1番　由香「昼食を作っているの，クリス?」→クリス「うん。ほとんど準備できてるよ」→由香「何か私にできることはある?」→クリス「イテーブルの準備をお願いするよ。ありがとう」の流れ。

2番　由香「これらのTシャツは素敵ね」→クリス「僕もそう思う。これを買おうかな。君はどうする?」→由香「あの青のにしようかな」→クリス「ウいいのを選んだね」の流れ。

問題3　【日本語訳】参照。

1番　質問「グリーンさんの職業は何ですか?」

2番　質問「グリーンさんの大事なメッセージは何でしたか?」

3番　質問「グリーンさんについて正しいのはどれですか?」

【日本語訳】

真奈　　　：グリーンさん，本日はお越しいただきありがとうございます。私は真奈と申します。

グリーンさん：どういたしまして，真奈。お会いできて嬉しいです。

真奈　　　：私はいつもあなたの試合をテレビで見ています。

グリーンさん：ありがとうございます。

真奈　　　：子どもの頃サッカーを始めたのですか?

グリーンさん：いいえ。最初はバスケットボールをしていました。姉がバスケットボールチームに入っていたので，一緒にプレーしました。

真奈　　　：そうですか。では，いつサッカーを始めたのですか?

グリーンさん：3番エ17歳の時に始めました。先生が学校のサッカーチームに入るように勧めてくれたのです。やってみたらすぐに大好きになりました。

真奈　　　：3番エそうなんですか?ではほんの10年前にサッカーを始めたのですね。1番ア今では仕事としてサッカーをしていらっしゃいますよね。驚きです!

グリーンさん：真奈，2番イあなたも何か新しいことをやろうと思うのなら，始めるのに遅すぎることは決してありません。姉は30歳で料理の勉強を始め，今ではレストランでシェフをしていますよ!

問題4　【日本語訳】参照。

ケビンが明日の午後，家にいられない理由を考えて英文にする。〈Because＋主語＋動詞.〉の形で答えればよい。

【日本語訳】

母親　：ケビン，明日の午後は家にいてね。おじいちゃんが来る予定なの。

ケビン：ごめん，お母さん。無理だよ。

母親　：なぜ?

ケビン：友達と会う予定なんだ。

# 過去問題 B

**解説**

**問題１**

　**１番**　「今はくもりですが，午後には晴れます。雨の心配はありません」より，ウが適切。

　**２番**　「このクラスでは，夏は最も人気があります。春と秋は冬よりも人気があります」より，エが適切。

**問題２**

　**１番**　亜子「あなたの写真を撮るわ，マイク」→マイク「ああ，ありがとう。僕のカメラだよ」→亜子「どうやって使うの？」→マイク「アここを押すだけだよ」の流れ。

　**２番**　マイク「亜子，何を探しているの？」→亜子「歴史のノートが見つからないの。明日の授業で必要なのよ」→マイク「手伝うよ。どんな見た目のノート？」→亜子「エ青いノートで私の名前が書いてあるわ」の流れ。

**問題３**　【日本語訳】参照。

　**１番**　質問「なぜジョンは青木先生と話をしたのですか？」　　**２番**　質問「青木先生のジョンへのアドバイスは何でしたか？」　　**３番**　質問「ジョンについて正しいのはどれですか？」

【日本語訳】

ジョン　　：青木先生，今，お話ししてもいいですか？

青木先生：もちろんよ，ジョン。どんなこと？

ジョン　　：1番イ日本語を学ぶ良い方法を知りたいです。私の夢は日本のアニメ作ることなので，日本語が上手になりたいです。

青木先生：すごいわ！

ジョン　　：ありがとうございます，でも問題があります。一生懸命勉強していますが，日本語が上達していません。今日はクラスメートが話しかけてくれましたが，彼らの言うことが理解できませんでした。

青木先生：なるほど。ジョン，普段どのように日本語を勉強しているの？

ジョン　　：3番イ簡単な日本語で書かれた本を読んでいます。また，漢字を何度も書いています。

青木先生：そうね，本で言語を勉強することは重要だけど，2番ウ日常生活で言語を使うことも重要よ。クラスメートともっと日本語で話してみない？理解できないときはゆっくり話してもらって。彼らは英語を勉強しているので，あなたの気持ちがわかるわ。

ジョン　　：ありがとうございます，やってみます。明日はクラスメートと日本語でたくさん話をします。

青木先生：素晴らしいわ。

**問題４**　【日本語訳】参照。

　ブラウン先生のためにすることを考えて英文にする。What shall we do?「何をする？」に対して答えるので，〈Let's ～.〉の形を使えばよい。

【日本語訳】

アン：私たちのＡＬＴのブラウン先生の誕生日は来週ね。

智樹：おお，そうなの？先生のために何かしよう。

アン：そうよ！何をする？

智樹：(例文)彼のためにバースデーカードを作ろう。

━━━━━ **実践問題Ａ** ━━━━━

**解答例**

(1)①ウ ②イ (2)①イ ②ウ ③ア

(3)①イ ②ア ③エ

(4)ア,ウ 質問…How do you go to school／Do you wear a school uniform などから１つ

**解説**

(1)① 質問「彼は何をするつもりですか?」…Ａ男「おお,とても美しいです。写真を撮ってもいいですか?」→Ｂ女「いいですよ」→Ａ男「ありがとうございます。私は書道に興味があるんです」より,ウが適切。

② 質問「ケンは昨日,何をしましたか?」…Ａ女「昨日は１日中雨が降っていたね。ケン,あなたは何をしていたの?」→Ｂ男「家で本を読んでいたよ。外でテニスをしたかったけれど出来なかったから」より,イが適切。

(2)① Ａ女「何だか嬉しそうだね」→Ｂ男「うん。カナダのホストファミリーからの手紙を受け取ったんだ」→Ａ女「そうなのね。彼らについてもっと教えて」より,イ「彼らはとても親切だったよ」が適切。

② Ａ女「こんにちは」→Ｂ男「こんにちは。次の土曜日の計画を変更することができますか?」→Ａ女「大丈夫です。その日はお忙しいですか?」より,変更する理由であるウ「病院に行かなければならないのです」が適切。 ③ Ａ男「この本は昨日からここにあるね」→Ｂ女「それはユウタのだよ」→Ａ男「彼は今どこにいるのかな?」より,ア「体育館にいるよ」が適切。

(3)【放送文の要約】参照。

① 質問「なぜ香菜は新しいコンサートホールに行きましたか?」…イ「コンサートに向けて練習するため」が適切。 ② 質問「コンサートはいつ行われますか?」…ア「次の日曜日」が適切。 ③ 質問「ジョーンズ先生はチケットをもらうために何をしますか?」…エ「音楽の先生に頼みます」が適切。

【放送文の要約】

ジョーンズ先生:昨日,新しいコンサートホールの前で君を見かけたよ。

香菜 :①ィコンサートに向けて練習するために吹奏楽部の部員たちとそこにいました。

ジョーンズ先生:練習はどうだった?

香菜 :上々でした。でも私たちはもっと練習する必要があります。

ジョーンズ先生:②ァコンサートはいつなの?

香菜 :②ァ次の日曜日です。今度の金曜日にもう１度コンサートホールで練習します。

ジョーンズ先生:③ェ私もコンサートに行きたいな。チケットは必要かな?

香菜 :はい。③ェ音楽のサトウ先生からもらえますよ。

ジョーンズ先生:③ェわかった。サトウ先生に頼んでみよう。コンサートを楽しみにしているよ。

香菜 :ありがとうございます。ベストを尽くします。

(4)【放送文の要約】参照。ア○「トムは毎日７つの授業がある」 イ「×トムはスペイン語が得意で,一生懸命勉強している」 ウ○「トムは日本のマンガが好きなので日本語を学ぶつもりである」 エ「トムは友達と×教室で昼食を食べる」 ・be good at ～「～が得意だ」 ・someday「いつか」

トムからの質問「僕の学校生活について何か質問がありますか?」に,自分で質問を考えて１文で答えること。(例文１)「あなたはどのように学校へ行きますか?」(例文２)「あなたは制服を着ますか?」

【放送文の要約】

みなさん,こんにちは。僕は今日,僕の学校生活についてお話します。ァ授業は毎日,午前中に４つ,午後に３つあります。僕の学校では,生徒たちはいくつかの言語を学ぶことができます。僕はスペイン語を勉強しています。あまり得意ではありませんが,いつかスペインに行きたいので一生懸命勉強しています。ゥ僕は日本のマンガが好きなので来年はもう１つの言語,日本語を勉強するつもりです。昼食時間には友達と一緒に学校の食堂で自分の好きなものを食べます。ピザとサンドイッチが人気です。さて,僕の学校生活について何か質問がありますか?

### 解答例

問題A　No. 1．A．正　B．誤　C．誤
　　　　No. 2．A．誤　B．正　C．誤
　　　　No. 3．A．正　B．誤　C．正
問題B　No. 1．質問１…D　質問２…C
　　　　No. 2．A
問題C　①Saturday　②shopping
問題D　（例文）My friends make me happy because they are very kind to me.

### 解説

**問題A**

No. 1　A○「私たちはコーヒーを飲むためにこれを使うことができる」　B×「部屋を掃除するとき，いつもこれが使われる」　C×「すべての日本人が毎日これを買う」

No. 2　A×「少年は犬と散歩している」　B○「晴れていて雨が降っていない」　C×「少女は学校へ向かって自転車に乗っている」

No. 3　A○「太郎の学校では，サッカーはテニスよりも人気がある」　B×「太郎の学校では，野球がすべての中で最も人気がある」　C○「太郎の学校では，バスケットボールはテニスと同じくらい人気がある」

**問題B**　【放送文の要約】参照。

No. 1　質問１「どれが正しいですか？」
　　　　質問２「ベッキーは何をしますか？」
No. 2　「郵便局はどこですか？」

【放送文の要約】
No. 1
A：ユキオ，ジムは来月日本を離れるそうね。知ってた？
B：うん，ベッキー。質問1D昨日僕は彼のためにプレゼントを買ったよ。そして彼はそれについて知らないんだ。
A：何を買ったの？
B：ジムと僕はサッカーチームのメンバーなので，サッカーボールを買ったよ。僕たちは７歳の時から一緒にサッカーを練習しているんだ。
A：それはすごいわ。あなたとジムは親友だと聞いたもの。私も彼にプレゼントをあげるべきだと思うわ。
B：じゃあ，質問2CTシャツはどう？

A：質問2Cいいわね。ジムは私たちにとても親切にしてくれたわ。彼がいなくなったら寂しいわ。
B：僕も彼がいなくなったら寂しいよ。
No. 2
A：こんにちは，マサヤ。助けてくれない？郵便局にはどうやって行くの？
B：こんにちは，グリーン先生。わかりました，僕がお手伝いします。それでは，A駅へ行く通りを進んでください。左側に書店があります。
A：ああ，その書店なら知っているわ。A公園の近く？
B：Aそうです。書店のところで左折してください。次に直進し，花屋のところで右折してください。左側に郵便局があります。
A：ありがとう。

**問題C**　【放送文の要約】参照。
【放送文の要約】
A：こんにちは，トム。
B：やあ，由美子。今週末の予定はある？
A：うん，日曜日に祖父の家に行くわ。どうして？
B：えっと，映画「１番幸せなパンダ」を見たいんだ。一緒に見れない？
A：いいわね。私も見たいし，エミリーと一緒に見たいと思っていたの。ああ，みんなで一緒に行かない？
B：わかった。いいよ。
A：①土曜日（＝Saturday）の朝はどう？エミリーと私は午後に②買い物（＝shopping）に行く予定があるの。
B：わかった。映画は10時20分に始まるから，駅で10時頃に会おう。
A：それはいいわね。私たちの計画について，あとで彼女に伝えておくわ。

**問題D**　【放送文の要約】参照。
下線部への答えを英語で書く。　・make＋人＋状態「（人）を（状態）にする」
（例文の訳）「友達は私にとても親切なので，彼らは私を幸せにします」
【放送文の要約】
　こんにちは。ジェシカです。私は富山にＡＬＴとして３年間住んでいます。生徒たちに英語を教えることができてうれしいです。彼らは富山の面白いことを教えてくれます。今，私は２つの質問があります。何があなたを幸せにしますか？そしてそれはなぜですか？

# 実践問題C

## 解答例

《その1》1．ウ　2．イ　3．エ　4．ア
《その2》イ
《その3》1．イ　2．ウ　3．エ

4．I want to join the basketball team.

## 解説

《その1》1　質問「ケンタは何を説明しましたか？」
…A「ケンタ，どうやってこれを使うの？」→B「夏に窓のそばに設置するよ。僕らはその音を楽しむんだ」→A「いいね」より，ウが適当。　2　質問「ボブの時計はどこにありますか？」…A「ボブ，あなたのベッドの下で時計を見つけたよ」→B「ありがとう，お母さん。今，どこにあるの？」→A「あなたの部屋の机の上にあるよ」より，イが適当。　3　質問「今朝バスは何時に来ましたか？」…A「スミス先生，遅くなってすみません」→B「何があったの，デイビッド？」→A「僕はいつも7時50分のバスに乗りますが，今日はバスが遅れていました」→B「バス停でどれくらい待ったの？」→A「10分ほど待たなければなりませんでした」より，エが適当。　4　質問「その女の子は妹にどのTシャツを買いますか？」…A「すみません，私は妹へのプレゼントを買いたいです」→B「このTシャツはいかがですか？黒は22ドル，白は18ドルです」→A「20ドルしか持っていません。妹は花のプリントを気に入ると思います。それにします」より，アが適当。

《その2》【放送文の要約】参照。イ「試合に参加すること」が適当。

### 【放送文の要約】

やあ健，ジョンだよ。君の助けが必要なんだ。今週の日曜日に野球の試合があるんだけど，1人の選手が試合に来れないんだ。一緒にプレーできる人を探しているよ。君は野球が好きだと聞いたよ。もし試合に来れるなら，僕に電話してよ。

《その3》【放送文の要約】参照。1　質問1「トムはテニス部に所属していますか？」…イ「いいえ，彼は所属していません」が適当。　2　質問2「トムはアメリカでいくつのスポーツをしていましたか？」…ウ「3つ」が適切。　3　質問3「カナは高校のコーラス部で何をしますか？」…エ「より上手に歌うために一生懸命練習する」が適切。

4　Which club do you want to join?に5語以上の英語で答える。　（例文）「私はバスケットボール部に入りたいです」

### 【放送文の要約】

A：トム，部活に興味はある？

B：1イ昨日は2つの部活動を見たけど，まだ決めてないよ。

A：どうだった？

B：バレーボール部は大変そうで，テニス部は楽しそうだったよ。

A：じゃあ，テニス部に興味があるんだね？

B：うん，でもテニスをしたことがないから心配だよ。

A：新しいことに挑戦するべきだよ。高校で新しいことを始めるのはいいことだよ。

B：そうだね。

A：君はアメリカで部活をやっていたの？

B：アメリカでは，シーズンごとに違うスポーツをすることが多いよ。2ウ秋はサッカー，冬はバスケットボール，春は野球をしたよ。

A：本当に？それを聞いて驚いたよ。

B：じゃあ，香菜はどんな部活に興味があるの？

A：合唱部に興味があるよ。私は他の人と歌うのが好きなの。3エ歌唱力を上げるために，一生懸命練習したいよ。

B：いいね。部活を選ぶ前にもっとたくさん見たいな。

A：あなたはどう？4あなたはどのクラブに入りたい？

# 高校入試対策

# 英語リスニング 練習問題

## 解　答　集

### contents

※問題は別冊です

# 入試本番に向けて

## 入試本番までにしておくこと

入試本番までに志望校の過去問を使って出題パターンを把握しておこう。英語リスニング問題は学校ごとに出題傾向があります。受験する学校の出題パターンに慣れておくことが重要です。

## リスニング開始直前のチェックポイント

音声が流れるまでに問題文全体にざっと目を通そう。それぞれの問題で話題となる場面や登場人物をチェックしておこう。

### ✓ イラストを check！

英語リスニング問題ではイラストやグラフが使われることが多くあります。イラストなら**共通点と相違点を見つけて**，放送される事がらを予想しておこう。グラフなら**たて軸とよこ軸が何を表しているか**を見ておこう。

### ✓ 選択肢を check！

英文を選ぶ問題では，選択肢の登場人物，場所，日時などを事前に見つけ出して○やアンダーラインなどの"しるし"をつけておこう。また，選択肢の共通点と相違点を見つけて質問を予想しておこう。

### ✓ 数字表現を check！

英語リスニング問題で必ず出題されるのが数字表現です。問題に数を表したイラストや時間を表す単語などがあるときは，数字を意識して解く問題だと予想しておこう。あらかじめ，問題文の英単語を数字に置きかえてメモしておく（fifteen → 15）とよい。

## リスニング本番中の心構え

### ✓ メモにとらわれない！

英語リスニング問題ではほとんどの場合，「放送中にメモを取ってもかまいません。」という案内があります。特に，長文を聴き取らなくてはならないときはメモは不可欠です。ただし，メモを取るときに注意すべきことがあります。それは，**メモを取ることに集中しすぎて音声を聴き逃さない**ことです。○やアンダーラインなど自分がわかる"しるし"をうまく活用して，「聴く」ことから気をそらさないようにしよう。

### ✓ 2回目は聴き方を変える！

放送文が1回しか読まれない入試問題もありますが，多くの場合は質問も含めて2回繰り返して読まれます。2回繰り返して読まれるときは，1回目と2回目で聴き方を変えます。1回目は状況や場面を意識し，（質問が先に放送される場合は，）2回目は質問に合う答えを出すことを意識しよう。1回目で答えがわかったときは，2回目は聴き違いがないか消去法を使って確実に聴き取ろう。

# この解答集の特長と使い方

問題を解き終えたら，基本問題集（別冊）P1 〜 P2 の手順で答え合わせと復習をしよう。
解答集の左側のページにある QR コードを読み取ると，そのページの**さらに詳しい解説**を見ることができます。

**放送文を見ながら，音声を聴こう。繰り返すうちに，聴く力が身に付きます。**

**解答**は各大問の最初にあります。

基本問題集のポイントのおさらいや，大問ごとのアドバイスです。

CD のトラックナンバーです。

答えにつながる**キーワード**です。

答えにつながるキーセンテンスです。

★Can you 〜？「〜してくれませんか？」
★Can I 〜？「〜してもいいですか？」

### 覚えたい表現 Memory work
実際の英語リスニング入試問題でよく出る「覚えたい表現」に★が付いています。入試までに覚えよう。

見開きページの同じ位置に ◀))放送文 とそれに対応する 日本語訳 があるので，単語や表現を1つずつ照らし合わせながら復習ができます。

### 解説 Explanation
問題を解くときのコツや，問題集の メモ の空欄の内容を解説しています。正解した問題でもひと通り読んでおこう。

### 覚えたい表現 Memory work まとめ （P37 〜 38）

「覚えたい表現」をおさらいしておこう。
このページの QR コードを読み取ると，グループ分けした「覚えたい表現」を見ることができます。

### ◀)) 聞き違いをしやすい表現 Easy to mistake （P39）

「聞き違いをしやすい表現」を知っておこう。
このページの音声はCDや教英出版ウェブサイトで聴くことができます。

## もっと リスニング力 をつけるには

### ◀) 音声に合わせてシャドーイング（発音）してみよう！
正しい発音ができるようになると聴く力もぐんと上がります。まずは自分のペースで放送文を声に出して読んでみよう。次に音声に合わせて発音していこう。最初は聴こえたまま声に出し，慣れてきたら正しい発音を意識しよう。繰り返すうちに，おのずと正しい発音を聴き取る耳が鍛えられます。

### ◀) 音声を聴きながらディクテーション（書き取り）してみよう！
聴こえた英文を書き取る練習をしよう。何度も聴いて文が完成するまでトライしよう。聴き取れなかった単語や文がはっきりするので，弱点の克服につながります。また，英語を書く力も鍛えられます。

## 第1章　　　　絵・グラフ

### 基本問題A

解答　No.1　イ　　No.2　ア　　No.3　エ

 放送文

**No.1**　囡：★What do you want to do in the future?

　　　　男：I want to help sick people at a hospital .

　　　　Question：What kind of job does the boy want to do in the future?

**No.2**　男：Mom, I'm going to play baseball in the park.

　　　　　　I'll go there ★by bike.

　　　　囡：Taro, you need this on your head when you ride your bike.

　　　　男：Thank you.

　　　　Question：What does Taro need on his head?

**No.3**　囡：Ken, I want eggs , two oranges and three apples .

　　　　　　★Can you go to the store to buy them?

　　　　男：OK, Mom. ★Can I buy juice , too?

　　　　囡：Yes, you can.

　　　　Question：What will Ken buy?

### 基本問題B

解答　No.1　ア　　No.2　イ　　No.3　ア　　No.4　イ

 放送文

**No.1**　A man is ★looking at a clock on the wall .

　　　　Question：Which person is the man?

**No.2**　It was snowing this morning, so I couldn't go to school by bike. I ★had to walk.

　　　　Question：How did the boy go to school this morning?

**覚えたい表現**
Memory work

★What do you want to do in the future?
「あなたは将来何をしたいですか？」

★by bike
「自転車で」

★Can you ～？
「～してくれませんか？」
★Can I ～？
「～してもいいですか？」

**覚えたい表現**
Memory work

★look at ～
「～を見る」

★have to ～
「～しなければならない」

最初に４つの絵を見ておけば，No.1は職業，No.2は場所やものに関すること，No.3は食品の種類と数についての話だと予想できるね。

**日本語訳**

**No.1** 　㊛：あなたは将来何をしたいの？

　　　　㊚：僕は 病院 で 病気の 人を助けたいよ。

　　　Question：少年が将来やりたい仕事は何ですか？

> **解 説**
> Explanation
>
> sick「病気の」や hospital「病院」から，医者だとわかるね。

**No.2** 　㊚：お母さん，僕は公園で野球をする予定だよ。

　　　　　自転車でそこへ行くよ。

　　　　㊛：タロウ，自転車に乗るなら，頭部にはこれが必要よ。

　　　　㊚：ありがとう。

　　　Question：タロウは頭部に何が必要ですか？

> 「自転車」や「頭にかぶる必要があるもの」からヘルメットだね。

**No.3** 　㊛：ケン，私は 卵, みかん２個, りんご３個 がほしいわ。

　　　　　それらを買うためにお店に行ってもらえる？

　　　　㊚：いいよ，お母さん。ジュース も買っていい？

　　　　㊛：いいわよ。

　　　Question：ケンは何を買うでしょうか？

> 卵
> みかん ２個
> りんご ３個
> ジュース
> ジュースを忘れずに。

４つの絵を見比べて，メモする内容を予想できたかな？ No.1は男性がしていること，No.2は天気と移動手段，No.3は少年の体調，No.4は時刻だね。

**日本語訳**

**No.1** 　男性が 壁 の 時計 を見ています。

　　　Question：その男性はどの人ですか？

>
> 解 説
> Explanation
>
> clock「掛け時計／置き時計」より，アだね。

**No.2** 　今朝は 雪が降って いたので，私は学校に自転車で行けませんでした。私は歩かなければなりませんでした。

　　　Question：その少年は今朝，どうやって学校へ行きましたか？

> "snowing", "walk" が聞き取れれば，イとわかるね。

**No.3**　　女：★What's the matter?

　　　　　　男：Well, I've had a stomachache since this morning.
　　　　　　　　I didn't have it ★last night.

　　　　　　女：That's too bad. Are you all right?

　　Question：When did the boy have a stomachache?

★What's the matter?
「どうしたの？」
★last night「昨夜」

**No.4**　　女：Good morning, Kanta. Did you sleep well last night?

　　　　　　男：Yes, Judy. I ★went to bed at eleven last night and ★got
　　　　　　　　up at seven this morning.

　　　　　　女：Good. I could only sleep ★for six hours.

　　Question：What time did Kanta get up this morning?

★go to bed
「寝る」
★get up「起きる」
★for ～（期間を表す言葉）「～の間」

## 練習問題A

解答　No.1　ア　　No.2　エ　　No.3　ア　　No.4　ウ

 放送文　　

**No.1**　　女：Ah, I hope it will ★stop raining soon.

　　　　　　男：It was sunny yesterday.

　　　　　　女：Yes. But the TV says we will have snow this
　　　　　　　　afternoon.

　　　　　　男：Really? ★How about tomorrow?

　　　　　　女：It will be cloudy.

　　Question：How will the weather be tomorrow?

★stop ～ing
「～することをやめる」

★How about ～?
「～はどうですか？」

**No.2**　　男：★Thank you for giving me a birthday present, Mary.
　　　　　　　　I like the bag very much.

　　　　　　女：I'm happy you like it, Kenta.
　　　　　　　　Oh, you're wearing a nice T-shirt today.

　　　　　　男：This is a birthday present from my sister.
　　　　　　　　And my mother made a birthday cake ★for me.

　　　　　　女：Great. But you wanted a computer, right?

　　　　　　男：Yes, I got one from my father!

　　Question：What did Kenta get from his father?

★Thank you for
～ing.
「～してくれてありが
とう」

★for ～（対象を表す
言葉）「～のために」

No.3　　㊛：どうしたの？

　　　　㊚：うーん，今朝からずっとお腹が痛いんです。
　　　　　　昨夜は痛くなかったのですが。

　　　　㊛：それは大変ね。大丈夫？

　　Question：少年はいつお腹が痛かったですか？

解説
Explanation

昨夜
お腹が痛くない。
今朝
お腹が痛い。

No.4　　㊛：おはよう，カンタ。昨夜はよく眠れた？

　　　　㊚：うん，ジュディ。昨夜は11時に寝て，今朝は7時に起きたよ。

　　　　㊛：いいね。私は6時間しか眠れなかったわ。

　　Question：カンタは 今朝 何時に起きましたか？

質問に
this morning「今朝」
とあるから起きた時
刻の午前7時だね。

 No.1は天気，No.2は誕生日プレゼント，No.3は時刻，No.4はクラスのアンケート結果についてメモしよう。No.3は計算が必要だね。

**日本語訳**

No.1　　㊛：ああ，すぐに雨が止んでほしいわ。

　　　　㊚：昨日は晴れていたのに。

　　　　㊛：ええ。でもテレビによると，今日の午後は雪らしいわ。

　　　　㊚：本当に？ 明日 はどう？

　　　　㊛：くもりらしいわ。

　　Question： 明日 の天気はどうですか？

解説
Explanation

昨日：晴れ
現在：雨
今日午後：雪
明日：くもり
質問はtomorrow
「明日」だからくもり
だね。

No.2　　㊚：誕生日プレゼントをありがとう，メアリー。
　　　　　　バッグをとても気に入ったよ。

　　　　㊛：気に入ってくれてよかったわ，ケンタ。
　　　　　　あら，今日は素敵なTシャツを着ているわね。

　　　　㊚：これは姉（妹）からの誕生日プレゼントなんだ。
　　　　　　母も僕のために誕生日ケーキを作ってくれたんだ。

　　　　㊛：すてき。でもあなたはパソコンがほしかったんでしょ？

　　　　㊚：そうだよ， 父 からもらったよ！

　　Question：ケンタは 父 から何をもらいましたか？

メアリー：バッグ
姉(妹)：Tシャツ
母：誕生日ケーキ
父：パソコン
質問はfather「父」か
らもらったものだか
ら，パソコンだね。

**No.3**　㊛：The movie will start at 11:00.

　　　　　★What time shall we meet tomorrow, Daiki?

　　　㊚：How about meeting at the station at 10:30, Nancy?

　　　㊛：Well, I want to go to a bookstore with you before the movie starts. Can we meet earlier?

　　　㊚：All right. Let's meet at the station fifty minutes before the movie starts.

　　　㊛：OK. See you tomorrow!

　Question：What time will Daiki and Nancy meet at the station?

> **覚えたい表現**
> Memory work
>
> ★What time shall we meet?
> 「何時に待ち合わせようか？」

**No.4**　㊛：Tsubasa, look at this!

　　　　　We can see the most popular sports in each class.

　　　㊚：Soccer is ★the most popular in my class, Mary.

　　　㊛：Soccer is popular in my class, too.
　　　　　But volleyball is more popular.

　　　㊚：I see. And many of my classmates want to play softball.
　　　　　I want to try it, too!

　　　㊛：Really? ★No students in my class want to play softball.

　Question：Which is Mary's class?

> ★the＋最上級＋in＋○○
> 「○○の中で最も…」
>
> ★no＋人
> 「(人)が1人もいない」

## 練習問題B

> 解答　No.1　ア　　No.2　ウ　　No.3　ア　　No.4　ウ

**No.1**　㊛：Kota, what a nice room!

　　　㊚：Thank you! Do you know what this is, Judy?

　　　㊛：No. ★I've never seen it before. Is it a table?

　　　㊚：Yes, but this is not just a table.
　　　　　This also ★keeps us warm in winter.

　Question：What are they talking about?

>
> **覚えたい表現**
> Memory work
>
> ★I've never ～.
> 「私は一度も～したことがない」
>
> ★keep＋人／もの＋状態「(人／もの)を(状態)に保つ」

No.3　㊛：映画は11時に始まるわ。

　　　　　　明日は何時に待ち合わせようか，ダイキ？

　　　　㊚：10時半に駅で待ち合わせるのはどう，ナンシー？

　　　　㊛：そうねぇ，私は映画が始まる前にあなたと書店に行きたいわ。

　　　　　　もっと早く待ち合わせできる？

　　　　㊚：いいよ。映画が始まる50分前に駅で会おう。

　　　　㊛：わかったわ。また明日ね！

　　　Question：ダイキとナンシーは何時に駅で待ち合わせますか？

解説
Explanation

11時に映画が始まる。その50分前に待ち合わせるから，**ア**の「10時10分」だね。fifty「50」は前にアクセント，fifteen「15」は後ろにアクセントがあるよ。

No.4　㊛：ツバサ，これを見て！

　　　　　　それぞれのクラスで1番人気のあるスポーツがわかるわ。

　　　　㊚：僕のクラスではサッカーが1番人気だね，メアリー。

　　　　㊛：サッカーは私のクラスでも人気よ。

　　　　　　でも，バレーボールの方がもっと人気だわ。

　　　　㊚：そうだね。それから，僕のクラスメートの多くはソフトボールをやりたいようだよ。僕もやってみたいな！

　　　　㊛：本当？私のクラスではソフトボールをやりたい生徒はいないわ。

　　　Question：メアリーのクラスはどれですか？

ツバサのクラス：
サッカーが1位
ソフトボールが人気

メアリーのクラス：
サッカーよりバレーボールが人気
ソフトボールが0人

 グラフの問題の音声を聞くときは，1番多い（少ない）もの，増加，減少などをメモしよう。消去法も有効だよ。

### 日本語訳

No.1　㊛：コウタ，何て素敵な部屋なの！

　　　　㊚：ありがとう！これは何か知ってる，ジュディ？

　　　　㊛：いいえ。一度も見たことがないわ。テーブルかしら？

　　　　㊚：そうだよ，でもこれはただのテーブルではないんだ。

　　　　　　これは冬に僕らを温めてもくれるんだ。

　　　Question：彼らは何について話していますか？

解説
Explanation

ただのテーブルではなく，温めてくれるもの→「こたつ」だね。

**No.2** 　(男)：Kate, this is a picture of our music band.

　　　　　 We played some songs at the *school festival this year.

　　　　　 It was a wonderful time for us!

　　　(女)：You *look excited, Hiroshi.

　　　　　 Who is the student playing the guitar *next to you?

　　　(男)：He is Ryosuke. He plays the guitar well, and the other student playing the guitar is Taro.

　　　(女)：I see. The student playing the drums is Takuya, right? *I hear he *is good at singing, too.

　Question：Which boy is Hiroshi?

**覚えたい表現**
Memory work

★school festival
「学園祭」
★look 〜
「〜のように見える」
★next to 〜
「〜のとなりに」

★I hear (that) 〜.
「〜だそうだ」
★be good at 〜ing
「〜することが得意だ」

**No.3** 　It was interesting to know what activity you enjoyed the best in my English class.

　I *was glad to know that *over ten students chose *making speeches. Eight students chose reading stories, and *the same number of students chose writing diaries.

　Maybe you can guess the most popular activity among you. It was listening to English songs.

　I hope you will *keep enjoying English.

　Question：Which graph is the speaker explaining?

★be glad to 〜
「〜してうれしい」
★over 〜「〜以上」
★make a speech
「スピーチをする」
★the number of 〜
「〜の数」

★keep 〜ing
「〜し続ける」

**No.4** 　Look at the graph.

　This is a graph of the number of visitors to the art museum which was built in 2014 in our city.

　The number kept *going up until 2016.

　But the next year, it *went down 20%.

　The numbers in 2017 and 2018 were the same.

　Question：Which graph is the speaker explaining?

★go up「増加する」

★go down
「減少する」

No.2　男：ケイト，これは僕らの音楽バンドの写真だよ。

　　　僕らは今年学園祭で何曲か演奏したんだ。

　　　僕らにとってすばらしい時間だったよ！

　　女：興奮しているようね，ヒロシ。

　　　あなたのとなりでギターを弾いているのは誰？

　　男：彼はリョウスケだよ。彼はギターが上手なんだ，そしても

　　　う1人，ギターを弾いているのがタロウだよ。

　　女：そうなの。ドラムをたたいているのはタクヤね？

　　　彼は歌も上手だそうね。

　　Question：どの少年がヒロシですか？

No.3　私の英語の授業の中で，みなさんが何の活動を一番楽しんだか

　　がわかって興味深かったです。

　　私は，10人以上の生徒がスピーチをすることを選んでくれたと

　　知って，うれしく思いました。8人の生徒が物語を読むことを

　　選び，同じ人数の生徒が日記を書くことを選びました。

　　みなさんのあいだで一番人気があったものはたぶん想像がつく

　　と思います。

　　英語の歌を聞くことでした。

　　これからもずっと英語を楽しんでほしいです。

　　Question：話し手が説明しているのはどのグラフですか？

No.4　グラフを見て下さい。

　　これは，2014年に私たちの市に建てられた美術館の，来場者数

　　のグラフです。

　　その数は2016年まで増加し続けました。

　　しかし，次の年に20％減少しました。

　　2017年と2018年は同数でした。

　　Question：話し手が説明しているのはどのグラフですか？

解説
Explanation

ギター：
リョウスケとタロウ
ドラム：タクヤ
ヒロシはリョウスケ
のとなりにいる**ウ**だ
ね。

音声を聞く前にグラフの項目名を見ておこう。
スピーチ：10人以上
物語：8人
日記：物語と同じ人数
英語の歌：最も人気

これらの情報から**ア**を選べるね。

増減に着目しよう。
「2016年まで増加」
「2017年と2018年は同数」より，**ウ**だね。

## 第2章　　　次の一言

### 基本問題

解答　No.1　イ　　　No.2　ウ　　　No.3　イ　　　No.4　ア

放送文　◎5

**No.1**　函：★Have you ever been to a foreign country?

男：Yes. I went to Australia last year.

函：Oh, I see. How long did you stay there?

| ア　By plane.　㋑ **For six days.**　ウ　With my family. |

**No.2**　函：★May I help you?

男：Yes, I'm ★looking for a blue jacket.

函：How about this one?

| ア　Here you are.　イ　I'm just looking.　㋒ **It's too expensive for me.** |

**No.3**　函：★What are you going to do this weekend?

男：I'm going to ★go fishing in the sea with my father if it's sunny.

函：Really? That will be fun.

| ア　Sorry, I'm busy.　㋑ **I hope the weather will be nice.**<br>ウ　Nice to meet you. |

**No.4**　函：Hello.

男：Hello, this is Mike. ★May I speak to Yoko?

函：I'm sorry. She isn't at home now.

| ㋐ **OK. I'll call again later.**　イ　Shall I take a message?<br>ウ　Hello, Yoko. How are you? |

**覚えたい表現**
**Memory work**

★Have you ever been to ～?
「～に行ったことがありますか？」

★May I help you?
「お手伝いしましょうか？／いらっしゃいませ」
★look for ～
「～を探す」

★What are you going to do?
「何をするつもりですか？」
★go fishing
「釣りに行く」

★May I speak to ～?
「（電話で）～さんをお願いできますか？」

最後の英文をメモできたかな。質問ならばそれに合う答えを選び，質問でなければ，話の流れから考えよう。消去法も有効だよ。

## 日本語訳

**解説**
Explanation

**No.1**
女：外国に行ったことはある？

男：うん。去年，オーストラリアに行ったよ。

女：あら，そうなの。そこにはどれくらい滞在したの？

| ア 飛行機だよ。 | ⊘ **6日間だよ。** | ウ 家族と一緒にだよ。 |

最後の英文
How long ～ ?
「(期間をきいて)どれくらい～？」より，返答はFor ～.「～間です」だね。

**No.2**
女：お手伝いしましょうか？

男：はい，青いジャケットを探しています。

女：こちらはいかがですか？

| ア はい，どうぞ。 | イ 見ているだけです。 | ⊘ **私には値段が高すぎます。** |

最後の英文
How about this one?
「こちらはいかがですか？」より，返答は**ウ**だね。

**No.3**
女：この週末は何をするつもりなの？

男：晴れたら，父と海に釣りに行くつもりだよ。

女：本当に？それは楽しそうね。

| ア ごめん，僕は忙しいんだ。 | ⊘ **天気が良いことを願うよ。** |
| ウ 会えてうれしいよ。 | |

最後の英文が質問ではない。その前に「晴れたら…」と言っているので，話の流れから**イ**だね。

**No.4**
女：もしもし。

男：もしもし，マイクです。ヨウコさんをお願いできますか？

女：ごめんね。彼女は今家にいないわ。

| ⊘ **わかりました。あとでかけ直します。** | イ 伝言を預かりましょうか？ |
| ウ やあ，ヨウコ。元気？ | |

電話で相手が不在だった場合，電話をかけた側がよく使う表現を選ぶよ。ふさわしいのは**ア**だね。

## 練習問題

解答　No.1　エ　　No.2　ウ　　No.3　イ　　No.4　ア

**🔊 放送文**　◎6

**No.1**　男：Hello?

　　　　女：This is Natsuki. May I speak to Jim, please?

　　　　男：I'm sorry, but ★you have the wrong number.

ア　I don't know your phone number.
イ　I see. Do you want to leave a message?
ウ　Can you ask him to call me?
エ　I'm so sorry.

**No.2**　男：Have you finished cooking?

　　　　女：No. ★I've just washed the tomatoes and carrots.

　　　　男：OK. Can I help you?

ア　Sorry. I haven't washed the tomatoes yet.
イ　I don't think so. Please help me.
ウ　Thanks. Please cut these carrots.
エ　All right. I can't help you.

**No.3**　女：It's so hot today. Let's have something to drink.

　　　　男：Sure. I know a good shop. It ★is famous for fruit juice.

　　　　女：Really?　★How long does it take to get there from here by bike?

ア　Ten o'clock in the morning.　イ　Only a few minutes.
ウ　Four days a week.　エ　Every Saturday.

**No.4**　男：Whose notebook is this? ★There's no name on it.

　　　　女：Sorry, Mr. Jones. It's mine.

　　　　男：Oh, Ellen. You should write your name on your notebook.

ア　Sure. I'll do it now.　イ　No. I've never sent him a letter.
ウ　Yes. You found my name on it.　エ　Of course. I finished my homework.

---

**📍覚えたい表現**
**Memory work**

★You have the wrong number.
「番号が違っています」

★I've just＋過去分詞.
「ちょうど〜したところだ」

★be famous for 〜
「〜で有名である」
★How long does it take to 〜?
「〜するのにどれくらい時間がかかりますか？」

★There is no 〜.
「〜がない」

最後の英文を聞き取って，メモできたかな？質問や提案に対する受け答えを注意深く選ぼう。

**日本語訳**

**解説**
Explanation

**No.1**　男：もしもし？

　　　　女：ナツキです。ジムさんをお願いできますか？

　　　　男：すみませんが，番号が違っています。

> ア　私はあなたの電話番号を知りません。
> イ　わかりました。伝言を残したいですか？
> ウ　私に電話するよう彼に伝えてくれますか？
> エ　失礼しました。

男性の「番号が違っています」に対して，エ「失礼しました」以外は不適切だね。

**No.2**　男：料理は終わった？

　　　　女：いいえ。ちょうどトマトとニンジンを洗ったところよ。

　　　　男：よし，手伝おうか？

> ア　ごめん。私はまだトマトを洗い終えていないの。
> イ　そうは思わないわ。私を手伝って。
> ウ　ありがとう。ニンジンを切って。
> エ　わかったわ。私は手伝えないわ。

男性の提案「手伝おうか？」に対して，ウ「ありがとう。ニンジンを切って」以外は不適切だね。

**No.3**　女：今日はとても暑いわ。何か飲みましょう。

　　　　男：いいね。いい店を知っているよ。フルーツジュースで有名なんだ。

　　　　女：本当に？自転車でそこに行くのにどれくらい時間がかかるの？

> ア　午前10時だよ。　　イ　ほんの数分だよ。
> ウ　週に4日だよ。　　エ　毎週土曜日だよ。

How long does it take to〜?「〜するのにどれくらい時間がかかりますか？」に対して，イ Only a few minutes.「ほんの数分」以外は不適切だね。

**No.4**　男：これは誰のノートかな？名前が書いてないな。

　　　　女：すみません，ジョーンズ先生。私のです。

　　　　男：おお，エレン。ノートには自分の名前を書いておくべきだよ。

> ア　わかりました。すぐにそうします。
> イ　いいえ。彼に手紙を送ったことはありません。
> ウ　はい。あなたはそこに私の名前を見つけましたよね。
> エ　もちろんです。私は宿題を終えました。

先生から「ノートには自分の名前を書いておくべきだよ」と言われたことに対して，ア「わかりました。すぐにそうします」以外は不適切だね。

## 第3章　　対話や英文と質問（1つ）

**基本問題**

解答　No.1　エ　　No.2　ア　　No.3　ウ

**No.1**　Mike finished his homework.

He was very hungry.

His mother said, "Dinner ★is ready.

Please ★tell Dad to come to the dining room."

So he went to his father.

Question：What is Mike's mother going to do?

ア　She is going to do Mike's homework with her husband.
イ　She is going to cook dinner in the dining room.
ウ　She is going to go to the dining room with Mike.
エ　**She is going to eat dinner with her husband and Mike.**

**覚えたい表現**
Memory work

★be ready
「準備ができている」
★tell＋人＋to〜
「（人）に〜するように言う」

**No.2**　㊛：Tom, how's the pizza?

㊚：It's delicious, Lisa. I like your pizza very much.

㊛：Thank you. ★Would you like some more?

Question：What will Tom say next?

ア　**Yes, please. I want more.**　イ　Help yourself, Lisa.
ウ　I'm sorry. I can't cook well.　エ　Of course. You can take it.

★Would you like some more?
「もう少しいかが？」
（食べ物などを勧めるときの表現）

**No.3**　㊛：I want this `black pen`. ★How much is it?

㊚：Now we're having a sale. It's 1,500 yen this week.

㊛：I'll take it. It's a birthday present for my father.

Question：Where are they?

ア　They are in the nurse's office.　イ　They are in the library.
ウ　**They are at a stationery shop.**　エ　They are at a birthday party.

★How much 〜？
「〜はいくらですか？」

選択肢を読み比べておくと，誰の何について質問されるかをある程度予想できるよ。対話を聞きながら，人の名前や行動などをメモしよう。

### 日本語訳

**No.1**　マイクは宿題を終えました。

彼はとてもお腹がすいていました。

母親が言いました。「<u>夕食の準備ができたわ。</u>

<u>お父さんにダイニングに来るように言って</u>」

それで彼は父親のところに行きました。

Question：マイクの母親は何をするつもりですか？

---

ア　彼女は夫と一緒にマイクの宿題をするつもりです。
イ　彼女はダイニングで夕食を作るつもりです。
ウ　彼女はマイクとダイニングに行くつもりです。
（エ）**彼女は夫とマイクと一緒に夕食を食べるつもりです。**

---

**No.2**　㊛：トム，ピザはどう？

㊚：おいしいよ，リサ。僕は君のピザが大好きだよ。

㊛：ありがとう。もう少しいかが？

Question：トムは次に何を言うでしょうか？

---

（ア）**うん，お願い。もっとほしい。**　イ　自由に取ってね，リサ。
ウ　ごめん。うまく料理できないんだ。　エ　もちろん。取っていいよ。

---

**No.3**　㊛：私はこの 黒いペン を買いたいです。おいくらですか？

㊚：ただいまセール中です。今週は1500円です。

㊛：それをいただきます。父への誕生日プレゼントなんです。

Question：彼らはどこにいますか？

---

ア　彼らは保健室にいます。　イ　彼らは図書館にいます。
（ウ）彼らは文具店にいます。　エ　彼らは誕生日会にいます。

---

## 練習問題

解答　No.1　ア　　No.2　イ　　No.3　ア　　No.4　イ

 放送文　

**No.1**　㊚：I'm going to buy a birthday present for my sister. Lisa, can you go with me?

　㊛：Sure, Ken.

　㊚：★Are you free tomorrow?

　㊛：Sorry, I can't go tomorrow. When is her birthday?

　㊚：Next Monday. Then, how about this Saturday or Sunday?

　㊛：Saturday is fine with me.

　㊚：Thank you.

　㊛：What time and where shall we meet?

　㊚：How about at eleven at the station?

　㊛：OK. See you then.

　Question：When are Ken and Lisa going to buy a birthday present for his sister?

㋐ This Saturday.　イ　This Sunday.　ウ　Tomorrow.　エ　Next Monday.

**No.2**　㊛：Hello?

　㊚：Hello. This is Tom. Can I speak to Eita, please?

　㊛：Hi, Tom. I'm sorry, he ★is out now.
Do you ★want him to call you later?

　㊚：Thank you, but I have to go out now. ★Can I leave a message?

　㊛：Sure.

　㊚：Tomorrow we are going to do our homework at my house. ★Could you ask him to bring his math notebook?
I have some questions to ask him.

　㊛：OK, I will.

　Question：What does Tom want Eita to do?

★be out
「外出している」
★want＋人＋to ～
「（人）に～してほしい」
★Can I leave a message?
「伝言をお願いできますか？」

★Could you ～？
「～していただけませんか？」

ア　To do Tom's homework.　㋑　**To bring Eita's math notebook.**
ウ　To call Tom later.　エ　To leave a message.

音声を聞く前に選択肢を読み比べて,質問される人や内容を考えておこう。対話が長いので,ポイントをしぼってメモをとろう。

**解説**
Explanation

### 日本語訳

**No.1**
男：姉(妹)の誕生日プレゼントを買おうと思っているんだ。リサ,一緒に来てくれない？

女：いいわよ,ケン。

男：明日は空いてる？

女：ごめんね,明日は行けないわ。彼女の誕生日はいつ？

男：次の月曜日だよ。じゃあ,<u>この土曜日か日曜日はどう？</u>

女：<u>土曜日は都合がいいわ。</u>

男：ありがとう。

女：何時にどこで待ち合わせる？

男：11時に駅でどうかな？

女：ええ。じゃあそのときね。

Question：ケンとリサはいつ彼の姉(妹)の誕生日プレゼントを買うつもりですか？

> ⑦ この土曜日。　イ　この日曜日。　ウ　明日。　エ　次の月曜日。

選択肢より,曜日に注意してメモをとろう。This Saturday.「この土曜日」の**ア**だね。

**No.2**
女：もしもし？

男：もしもし。トムです。英太さんをお願いできますか？

女：こんにちは,トム。ごめんね,彼は今外出しているわ。あとでかけ直すようにしましょうか？

男：ありがとうございます,でもすぐに外出しないといけないんです。伝言をお願いできますか？

女：いいわよ。

男：明日,僕の家で一緒に宿題をすることになっています。<u>数学のノートを持ってくるよう彼に頼んでいただけませんか？</u>彼にいくつか尋ねたいことがあるんです。

女：わかったわ,伝えておくわ。

Question：トムが英太にしてほしいことは何ですか？

> ア　トムの宿題をすること。　④　数学のノートを持ってくること。
> ウ　あとでトムに電話すること。　エ　伝言を残すこと。

選択肢より,英太がトムに対してすること(トムが英太にしてほしいこと)を選ぼう。トムは3回目の発言で**イ**の内容の伝言を伝えたんだね。

**No.3**

女：Hi, Mike. ★What kind of book are you reading?

男：Hi, Rio. It's about *ukiyoe* pictures. I learned about them last week.

女：I see. You can see *ukiyoe* in the city art museum now.

男：Really? I want to visit there.
In my country, there are some museums that have *ukiyoe*, too.

女：Oh, really? I ★am surprised to hear that.

男：I have been there to see *ukiyoe* once.
I want to see them in Japan, too.

女：I went to the city art museum last weekend.
It was very interesting. You should go there.

Question：Why was Rio surprised?

> ⑦ Because Mike said some museums in his country had *ukiyoe*.
> イ Because Mike learned about *ukiyoe* last weekend.
> ウ Because Mike went to the city art museum in Japan last weekend.
> エ Because Mike didn't see *ukiyoe* in his country.

**★What kind of ～?**
「どんな種類の～？」

**★be surprised to ～**
「～して驚く」

**No.4**

女：Hello, Hiroshi. How was your holiday?

男：It was great, Lisa. I went to Kenroku-en in Kanazawa. It is a beautiful Japanese garden.

女：How did you go there?

男：I took a train to Kanazawa from Toyama.
Then I wanted to take a bus from Kanazawa Station, but there were many people. So I ★decided to walk.

女：Oh, really? How long did it take ★from the station to Kenroku-en?

男：About 25 minutes. I saw many people from other countries.

女：I see. Kanazawa is an ★international city.

Question：Which is true?

> ア It took about 25 minutes from Toyama to Kanazawa.
> ④ Hiroshi walked from Kanazawa Station to Kenroku-en.
> ウ Hiroshi went to many countries during his holiday.
> エ Hiroshi took a bus in Kanazawa.

**★decide to ～**
「～することに決める
／決心する」
**★from A to B**
「AからBまで」

**★international**
「国際的な」

No.3　　(女)：こんにちは，マイク。どんな本を読んでいるの？

　　　　(男)：やあ，リオ。浮世絵についての本だよ。先週それらについて学んだんだ。

　　　　(女)：そうなの。今，市立美術館で浮世絵を見ることができるよ。

　　　　(男)：本当に？そこに行きたいな。

　　　　　　　僕の国にも，浮世絵のある美術館があるよ。

　　　　(女)：え，本当に？それを聞いて 驚いた わ。

　　　　(男)：僕は一度そこに浮世絵を見に行ったことがあるよ。

　　　　　　　日本でも見たいな。

　　　　(女)：先週末，市立美術館に行ったの。

　　　　　　　とても面白かったわ。あなたも行くべきよ。

　　Question：なぜリオは驚きましたか？

　　　ア　マイクが彼の国の美術館に浮世絵があると言ったから。
　　　イ　マイクが先週末に浮世絵について学んだから。
　　　ウ　マイクが先週末に日本の市立美術館に行ったから。
　　　エ　マイクが彼の国で浮世絵を見なかったから。

解　説
Explanation

選択肢が全て
Because Mike ～．
マイクが言ったことは
・浮世絵についての
本を読んでいる。
・浮世絵のある美術
館が自国にもある。
・自国の美術館に浮
世絵を見に行った
ことがある。
・日本でも浮世絵を
見たい。
質問は「リサが驚い
た理由」だから，アだ
ね。


No.4　　(女)：こんにちは，ヒロシ。休みはどうだった？

　　　　(男)：すばらしかったよ，リサ。金沢の兼六園に行ったよ。

　　　　　　　美しい日本庭園だよ。

　　　　(女)：そこにはどうやって行ったの？

　　　　(男)：富山から金沢まで電車に乗ったよ。

　　　　　　　そして金沢駅からはバスに乗りたかったけれど，とても
　　　　　　　たくさんの人がいたんだ。それで僕は歩くことにしたよ。

　　　　(女)：まあ，本当？駅から兼六園までどれくらい時間がかかったの？

　　　　(男)：約25分だよ。外国から来たたくさんの人を見たよ。

　　　　(女)：なるほど。金沢は国際都市ね。

　　Question：どれが正しいですか？

　　　ア　富山から金沢まで約25分かかった。
　　　イ　ヒロシは金沢駅から兼六園まで歩いた。
　　　ウ　ヒロシは休みの間にたくさんの国に行った。
　　　エ　ヒロシは金沢でバスに乗った。

選択肢から以下の
キーワードにしぼっ
て，音声の同様の単
語に注意しよう。
ア 25 minutes
イ walk
ウ many countries
エ bus
アはヒロシの3回目，
イ，エは2回目の発
言にあるけど，ウは
音声にはないね。ヒ
ロシは金沢駅から兼
六園まで歩いたの
で，イだね。

## 第4章　　語句を入れる

### 基本問題

解答　No.1　（ア）土　（イ）2時30分　（ウ）青

　　　No.2　（ア）博物館〔別解〕美術館　（イ）150　（ウ）生活〔別解〕暮ら

放送文　

**No.1**

女：David, the festival will ★be held ㋐from Friday to Sunday, right?

男：Yes, Kyoko. I'm going to join the dance event at the music hall ㋐★on the second day.

女：That's great!  Can I join, too?

男：Sure. It will start at ㋑three in the afternoon.
Let's meet there ㋑30 minutes before that.
We will wear ㋒blue T-shirts when we dance.
Do you have one?

女：Yes, I do. I'll bring it.

**No.2**

男：What is this building, Kate? It looks very old.

女：This is a ㋐museum, Eita.
It was built about ㋑150 years ago and used as a school.

男：What can we see here?

女：You can see how people ㋒lived ★a long time ago.
★Shall we go inside now?

男：OK. Let's go.

覚えたい表現
Memory work

★be held
「開催される」

★on the second day「2日目に」

★a long time ago「昔」
★Shall we ～?
「（一緒に）～しましょうか？」

音声を聞く前に空欄を見て，どのような語句が入るか予想しよう。数を聞き取る問題は，アクセントに注意しよう。

**日本語訳**

**No.1**

（女）：デイビッド，お祭りは ｱ 金曜日から日曜日まで 開催されるのよね？

（男）：そうだよ，教子。僕は ｱ 2日目に 音楽ホールで行われるダンスイベントに参加する予定だよ。

（女）：いいわね！私も参加していい？

（男）：いいよ。それは午後 ｲ 3時 に始まるよ。

ｲ 30分前（＝午後2時30分）に現地で待ち合わせしよう。僕らはダンスをするときに ｳ 青いTシャツ を着るんだ。持っている？

（女）：ええ，持っているわ。それを持っていくね。

**解 説** Explanation

お祭り：
金曜日〜日曜日

ダンスイベント：
2日目
開始時刻：午後3時
集合時刻：30分前
Tシャツの色：青色

**No.2**

（男）：この建物は何だろう，ケイト？とても古そうだね。

（女）：これは ｱ 博物館 よ，英太。

約 ｲ 150 年前に建てられて，学校として使われたの。

（男）：ここでは何を見ることができるの？

（女）：昔の人々がどのように ｳ 生活していた かを見られるわ。では中に入りましょうか？

（男）：うん。行こう。

ｱ
museum「博物館／美術館」を聞き取ろう。
ｲ
one hundred and fifty（＝150）
fiftyのアクセントに注意。fiftyのアクセントは前にあるよ。
ｳ
how以下が間接疑問。lived「生活していた」を聞き取ろう。

## 練習問題

 放送文　10

**No.1**
男：Hi, Lisa. This is Mike. How's everything?

女：Great, thanks. *What's up?

男：My brother is coming to Fukuoka next Friday and will stay here for three weeks.
How about going to a ramen shop together?
He has wanted to eat ramen in Fukuoka *for a long time.

女：Oh, there's a good ramen shop near my house.
Let's go there.

男：That's great. He will be glad to hear that.
When and where shall we meet?

女：Can you come to my house at ィeleven in the morning next Saturday?
Then we can walk to the ramen shop together.

男：I'm sorry, I can't. I'm busy until three in the afternoon that day.
How about *ィthe same time next ァSunday?

女：All right. Can I *invite my friend Nancy?

男：Sure. See you then. Bye.

**No.2**
男：Thank you for coming to our concert today, Aya. How was it?

女：Wonderful! Everyone was great. You especially played the violin very well, James. I really enjoyed the concert.

男：I'm glad to hear that.

女：I want to play the violin, too. ァCan you teach me *how to play it?

男：ァSure. ィI'm free every Thursday.
Please come to my house and we can practice together.

女：That's nice! Can I visit you next ィThursday?

男：Of course.

**覚えたい表現**
Memory work

★What's up?
「どうしたの？」

★for a long time
「長い間／ずっと」

★the same time
「同じ時間」
★invite 〜
「〜を招く／誘う」

★how to 〜
「〜する方法」

音声で流れない語句を答えなくてはならない場合もあるよ。そのようなときは，前後の内容から考えて語句を導き出そう。

**日本語訳**

**解説**
**Explanation**

No.1　男：もしもし，リサ。マイクだよ。元気？

　　　女：元気よ。どうしたの？

　　　男：兄(弟)が今度の金曜日に福岡に来て，3週間いるんだ。
　　　　　一緒にラーメン屋に行かない？
　　　　　兄(弟)がずっと福岡のラーメンを食べたいって言っててさ。

　　　女：それなら家の近くにおいしいラーメン屋があるわよ。
　　　　　そこに行こうよ。

　　　男：やったあ。兄(弟)もそれを聞いたら喜ぶよ。
　　　　　いつどこで待ち合わせをしようか？

　　　女：今度の土曜日，ｲ 午前11時 に私の家に来られる？
　　　　　歩いて一緒にラーメン屋まで行けるわ。

　　　男：ごめん，無理だ。その日は午後3時まで忙しいんだ。
　　　　　今度の ｱ 日曜日 の ｲ 同じ時間 はどう？

　　　女：いいわよ。友達のナンシーも誘っていい？

　　　男：もちろんだよ。じゃあそのときね。バイバイ。

ラーメン屋に行く曜日と時間を答える問題だね。
リサ：土曜日午前11時を提案。
マイク：日曜日の同じ時間を提案。

No.2　男：今日はコンサートに来てくれてありがとう，アヤ。どうだった？

　　　女：素敵だったわ！みんな上手だった。特にあなたはバイオリンをとても上手に演奏していたね，ジェームス。
　　　　　本当にいいコンサートだったわ。

　　　男：それを聞いてうれしいよ。

　　　女：私もバイオリンを弾いてみたいわ。ｱ 弾き方を教えてくれない？

　　　男：ｱ いいよ。ｲ 毎週木曜日は時間があるよ。
　　　　　僕の家においでよ，それなら一緒に練習できるよ。

　　　女：ありがとう！次の ｲ 木曜日 に行ってもいい？

　　　男：もちろんだよ。

ｱ
ジェームスはアヤにバイオリンを教える＝アヤはジェームスからバイオリンを学ぶ。learn「学ぶ」が適切だよ。音声で流れない単語を書く難問だね。practice を入れると後ろのfrom youと合わないから不適切だね。

ｲ
Thursday「木曜日」を聞き取ろう。

## 第５章　　　　対話と質問（複数）

### 基本問題

| 解答 | No.1 イ | No.2 ア | No.3 イ | No. 4 ア |
| --- | --- | --- | --- | --- |

 放送文　

男：Hello, Ms. Brown.

女：Hi, Kenji. You don't look well today. ★What happened?

男：Last week we had a basketball game.

　　I was ★so nervous that I couldn't play well.

　　No.1 イFinally, our team lost the game.

女：Oh, I understand how you feel.

　　I played basketball for ten years in America.

　　I felt nervous during games, too.

男：Oh, did you? No.2 アI always ★feel sorry for my friends in my team when I make mistakes in the game.

女：Kenji, I had the same feeling. When I made a mistake in the game, I ★told my friends that I was sorry.

　　But one of my friends said, "Don't feel sorry for us. We can ★improve by making mistakes. You can try again!"

　　She told me with a big smile.

　　Her words and smile ★encouraged me.

　　★Since then, I have ★kept her words in mind.

男：Thank you, Ms. Brown. I learned a very important thing from you. No.4 アNow I believe that I can improve my basketball skills by making mistakes.

女：Great, Kenji! I'm glad to hear that. No.3 イWhen is your next game?

男：Oh, No.3 イit's in November. Please come to watch our game!

女：Sure. I'm ★looking forward to seeing it. Good luck.

男：Thank you, Ms. Brown. I'll ★do my best.

覚えたい表現
Memory work

★What happened?
「何かあった？」

★so…that 〜
「とても…なので〜」

★feel sorry for 〜
「〜に申し訳なく思う」

★tell＋人＋that 〜
「(人)に〜と言う」

★improve
「上達する」

★encourage 〜
「〜を励ます」
★since then
「それ以来」
★keep 〜 in mind
「〜を心に留める」

★look forward to 〜 ing
「〜することを楽しみにする」
★do one's best
「ベストを尽くす」

音声を聞く前に問題文や選択肢を読んでおこう。対話が長いので，集中力を切らさず，答えに関する内容を正しく聞き取ってメモしよう。

## 日本語訳

男：こんにちは，ブラウン先生。

女：あら，ケンジ。今日は元気がないわね。何かあった？

男：先週，バスケットボールの試合がありました。

とても緊張してうまくプレーできなかったんです。

No.1 ィ 結局，僕らのチームは試合に負けてしまいました。

女：まあ，私はあなたの気持ちがわかるわ。

私はアメリカで10年間バスケットボールをしていたの。

私もゲーム中に緊張していたわ。

男：先生もですか？ No.2 ァ 僕は試合でミスをしたとき，いつもチームの友達に申し訳なく思います。

女：ケンジ，私も同じ気持ちだったわ。試合で自分がミスをしたとき，友達に謝っていたの。

でも，友達の1人が，「申し訳なく思うことはないわ。

私たちはミスをすることで上達するの。

また挑戦すればいいのよ！」と満面の笑みで言ってくれたのよ。

彼女の言葉と笑顔に励まされたわ。

それ以来，彼女の言葉を心に留めているの。

男：ありがとうございます，ブラウン先生。僕は先生からとても大切なことを学びました。No.4 ァ 今はミスをすることによってバスケットボールの技術を上達させられると信じています。

女：すごい，ケンジ！それを聞いてうれしいわ。No.3 ァ 次の試合はいつ？

男：ああ，No.3 ィ 11月にあります。僕たちの試合を見に来てください！

女：いいわ。試合を見るのを楽しみにしているわ。がんばってね。

男：ありがとうございます，ブラウン先生。ベストを尽くします。

## 解説 Explanation

- 先週の試合でケンジのチームは 負け た。
- ブラウン先生は アメリカ で 10 年間バスケットボールをしていた。
- ケンジはミスをすると 友達 に 申し訳ない と思う。
- ブラウン先生はミスをすると 友達 に 謝って いた。
- しかし，ブラウン先生の友達がまた 挑戦 すればいいと言った。その 言葉 と 笑顔 に励まされた。
- ケンジはブラウン先生からとても 大切 なことを学んだ。今ではミスをすることで バスケットボール の技術が 上達 すると信じている。
- ケンジの次の 試合 は 11 月にある。
- ブラウン先生は 試合 を楽しみにしている。
- ケンジは ベストを尽くす つもりだ。

- 26 -

## 練習問題

| 解答　No.1　イ　　No.2　イ　　No.3　エ　　No.4　エ |
| --- |

 放送文　 12

⊗：Hi, Daiki. What will you do during the spring vacation?

⊛：My family will spend five days in Tokyo with my friend, Sam.
He is a high school student from Sydney. I met him there.

⊗：I see. No.1 イ Did you live in Sydney?

⊛：No.1 イ Yes. My father worked there when I was a child.
Sam's parents *asked my father to take care of Sam in Japan.
No.2 イ He will come to my house in Osaka next week.

⊗：Has he ever visited Japan?

⊛：No, he hasn't. I haven't seen him for a long time, but we
often send e-mails to *each other.

⊗：How long will he stay in Japan?

⊛：For ten days. No.3 エ Have you ever been to Tokyo, Cathy?

⊗：No.3 エ No, but I'll visit there this May with my friend, Kate.
She lives in America. Do you often go to Tokyo?

⊛：Yes. My grandmother lives there.
We will visit the zoo and the museum with her.
We will also go shopping together.

⊗：*That sounds good. Sam will be very glad.

⊛：I hope so. Well, I sent him a book about Tokyo which has
*a lot of beautiful pictures.

⊗：Cool. I also want to give a book like that to Kate because
No.4 エ she likes taking pictures of beautiful places.
*Actually, she has been to many foreign countries to take
pictures.

⊛：That's interesting. I like taking pictures, too.
So I want to see the pictures she took in other countries.

⊗：OK. I'll tell her about that.

⊛：Thank you.

Question No.1：Where did Daiki live when he was a child?

Question No.2：Who will come to Daiki's house next week?

Question No.3：Has Cathy visited Tokyo before?

Question No.4：What does Kate like to do?

★ask＋人＋to ～
「（人）に～するように頼む」

★each other
「お互いに」

★That sounds
good.
「それはいいね」
★a lot of ～
「たくさんの～」

★actually
「実際に／実は」

覚えたい表現
Memory work

ダイキとキャシーの対話。ダイキの友達のサムと，キャシーの友達のケイトも出てくるよ。
音声を聞きながら，誰が何をしたかをメモしよう。

**日本語訳**

🔵：こんにちは，ダイキ。春休みは何をするの？

🔵：家族で，友達のサムと一緒に東京に５日間滞在するよ。サムはシドニー出身の高校生だよ。僕はシドニーで彼と知り合ったんだ。

🔵：そうなんだ。 No.1 ィ **あなたはシドニーに住んでいたの？**

🔵：No.1 ィ **そうだよ**。僕が子どものころ，父がシドニーで働いていたんだ。サムの両親が，日本に行くサムの面倒を見てくれるよう父に頼んだんだよ。

No.2 ィ <u>サムは来週，大阪の我が家に来るよ。</u>

🔵：彼は日本に来たことがあるの？

🔵：ないよ。僕も長いこと彼に会っていないんだ，でもお互いによくメールを送り合っているよ。

🔵：彼は日本にどのくらい滞在するの？

🔵：10日間だよ。No.3 ェ **キャシーは東京に行ったことある？**

🔵：No.3 ェ **いいえ**，でも友達のケイトと，今年の５月に行くつもりよ。彼女はアメリカに住んでいるわ。あなたはよく東京に行くの？

🔵：うん。祖母が住んでいるんだ。僕たちは，祖母と一緒に動物園と博物館に行く予定だよ。それから一緒に買い物にも行くつもりなんだ。

🔵：それはいいわね。サムはとても喜ぶと思うわ。

🔵：そうだといいな。そういえば，僕はサムに，素敵な写真がたくさん載っている東京に関する本を送ったんだよ。

🔵：いいわね。私もそういう本をケイトに送りたいわ，No.4 ェ <u>彼女は美しい場所の写真を撮るのが好き</u>だから。実は，彼女は写真を撮るためにたくさん外国に行っているのよ。

🔵：それは興味深いな。僕も写真を撮るのが好きだよ。だから彼女が外国で撮った写真を見たいな。

🔵：わかった。彼女にそう伝えておくわ。

🔵：ありがとう。

Question No.1：ダイキは子どものころ，どこに住んでいましたか？

Question No.2：来週，誰がダイキの家に来ますか？

Question No.3：キャシーは以前，東京に行ったことがありますか？

Question No.4：ケイトは何をするのが好きですか？

**解説**
Explanation

No.1
ダイキについての質問だね。ダイキは幼少期にシドニーに住んでいたと言っているね。

No.2
ダイキの家に来るのは，ダイキの友達のサムだね。

No.3
キャシーは，東京に行く予定はあるけれど，まだ行ったことはないと言っているね。Has Cathy ～ ? と聞かれたから，No, she hasn't. と答えよう。

No.4
キャシーが友達のケイトの好きなことを紹介しているね。

← さらに詳しい解説

## 第６章　　　　　英文と質問（複数）

### 基本問題

解答　No.1　ア　　　No.2　エ　　　No.3　ウ

Today is the last day before summer vacation.

From tomorrow, you'll have twenty-five days of vacation and I'll give you some homework to do.

For your homework, you must write a report about the problems in the *environment and you must use *more than one hundred English words.

We've *finished reading the textbook about the problems in the environment.

So, No.1 ア in your report, you must write about *one of the problems in the textbook that is interesting to you.

*The textbook says that there are many kinds of problems like water problems or fires in the mountains.

No.2 エ The textbook also says that everyone in the world must continue thinking about *protecting the environment from these problems.

If you want to know more about it, use the Internet or books in the city library.

No.3 ウ Please give me your report at the next class.

I hope you enjoy this homework and have a good vacation.

★environment
「環境」
★more than ～
「～以上」
★finish ～ ing
「～し終える」

★one of ～
「～の１つ」

★the textbook says
(that)～「教科書に
は～と書いてある」

★protect A from B
「BからAを守る」

音声を聞く前に，問題文，質問，選択肢の内容から，聞き取るべきキーワードをイメージできたかな？それらのキーワードに関連する部分を中心にメモをとろう。

**日本語訳**

今日は夏休み前の最終日です。

明日からみなさんは25日間の休暇に入るので，宿題を出します。

みなさんは宿題として，環境問題についてのレポートを書いてください，なお，英単語を100語以上使わなければいけません。

私たちは環境問題についての教科書を読み終えました。

ですから<sub>No.1 ア</sub>レポートでは，教科書の中で自分の興味がある問題の1つについて書いてください。

教科書には，水問題や山火事のような，多くの種類の問題があると書いてあります。

<sub>No.2 エ</sub>また，教科書には，世界中の誰もが，これらの問題から環境を守ることを考え続けなければいけない，とも書いてあります。

もっと詳しく知りたい人は，インターネットや市立図書館にある本を利用してください。

<sub>No.3 ウ</sub>レポートは，次の授業で私に提出してください。

みなさんがこの宿題を楽しみ，良い休暇を過ごすことを願っています。

**解 説**
Explanation

・ 夏休み 前の
 最終日 。明日から
 25 日間の休みに入
 る。

・ 環境 問題について
 のレポートを書く。
 英単語を 100 語以
 上使う。

・ 環境問題 について
 の 教科書 を読み終
 えた。

・ 教科書 の中で 興味
 がある問題を選ぶ。

・ 教科書 には 世界中
 の誰もが環境を
 守ること について
 考え 続けなければ
 ならないと書いて
 ある。

・詳しく知りたい人
 は インターネット
 や 市立図書館 の本
 を利用する。

・ 次の授業 でレポー
 トを提出する。

## 練習問題

| 解答 | No.1　イ | No.2　エ | No.3　ウ | No.4　イ |
|---|---|---|---|---|

 放送文 　　⊙14

覚えたい表現
Memory work

Today, I'll tell you about my grandmother's birthday party.

Before her birthday, I talked about a birthday present for her with my father and mother.

My father said, "Let's go to a cake shop and buy a birthday cake."

No.1 イ My mother said, "That's a good idea. I know a good cake shop." But when I saw my bag, I had another idea. I said, "No.2 エ My grandmother made this bag *as my birthday present last year, so I want to make a cake for her."

They agreed.

No.3 ウ On her birthday, I started making the cake at nine in the morning. My father and mother helped me because that was *my first time. I finished making it at one in the afternoon.

We visited my grandmother at six and started the party for her.

First, we enjoyed a special dinner with her.

After that, I showed her the cake.

When she saw it, she said, "Wow, did you make it? I'm so happy. Thank you, Kyoko."

I *was happy to hear that.

No.4 イ Then we *sang a birthday song for her and ate the cake with her. I'll never forget that wonderful day.

★as ～「～として」

★my first time
「(私にとって)初めてのこと」

★be happy to ～
「～してうれしい」
★sang
sing「歌う」の過去形

Question No.1 : Who knew a good cake shop?

Question No.2 : Why did Kyoko want to make a cake for her grandmother?

Question No.3 : *How many hours did Kyoko need to make the cake?

Question No.4 : What did Kyoko do at her grandmother's birthday party?

★How many hours ～?
「何時間～？」

選択肢から，No.1は人物，No.2は理由，No.3は時間，No.4は行動についての質問だと推測できるね。関連部分の音声に注意しながら聞き取ってメモをし，質問にそなえよう。

## 日本語訳

今日は，私の祖母の誕生日パーティーについて話そうと思います。

誕生日の前に，私は，祖母にあげる誕生日プレゼントについて両親と話しました。

父は，「ケーキ屋に行って誕生日ケーキを買おう」と言いました。

No.1ｲ母は，「いい考えね。私はおいしいケーキ屋を知っているわ」と言いました。しかし私は，自分のバッグを見て別の考えが浮かびました。「No.2ｴおばあちゃんは去年，私の誕生日プレゼントとしてこのバッグを作ってくれたの。だから私はケーキを作りたいわ」と私は言いました。両親も賛成してくれました。

No.3ｳ誕生日当日，私は午前9時からケーキを作り始めました。ケーキ作りは初めてのことだったので，両親が手伝ってくれました。私は午後1時にケーキを作り終えました。

私たちは6時に祖母の家に行き，パーティーを始めました。

まず，一緒にごちそうを楽しみました。

その後，私は祖母にケーキを見せました。

それを見ると，祖母は，「まあ，自分で作ったの？とってもうれしいわ。ありがとう，教子」と言いました。

私はそれを聞いてうれしくなりました。

No.4ｲそれから私たちは，祖母のために誕生日の歌を歌って，一緒にケーキを食べました。私はあの素晴らしい日を決して忘れません。

Question No.1：おいしいケーキ屋を知っていたのは誰ですか？

Question No.2：教子はなぜ祖母にケーキを作ってあげたかったのですか？

Question No.3：教子はケーキを作るのに何時間かかりましたか？

Question No.4：教子は祖母の誕生日パーティーで何をしましたか？

### 解説 Explanation

No.1
おいしいケーキ屋を知っていた人は，ケーキを買おうと言ったお父さんではないよ。教子のお母さんだね。

No.2
おばあちゃんがバッグを作ってくれたから，自分も手作りのものをあげたいと思ったんだね。

No.3
午前9時から午後1時までだから，4時間だね。

No.4
教子が話したのは，イの「祖母のために両親と誕生日の歌を歌った」だね。

## 第7章　　　　　　　作　文

### 基本問題

解答　No.1　（例文）We can give her some flowers.

No.2　（例文）I can play soccer with him.  It's bcause I can talk with him in Japanese while we are playing soccer.

 放送文　15

**No.1**　⊛：Hi, John. Do you know our classmate Eiko will leave Tokyo and live in Osaka from next month?

We have to *say goodbye to her soon.

⊛：Really, Kyoko? I didn't know that. I'm very sad.

⊛：Me, too. Well, <u>let's do something for Eiko.</u>

<u>What can we do?</u>

⊛：(　　　　　)

**覚えたい表現**
**Memory work**

★say goodbye to 〜
「〜にさよならを言う」

**No.2**　Hello, everyone.

Next week a student from Australia will come to our class and study with us for a month.

His name is Bob.

He wants to enjoy his stay.

<u>He likes sports very much and wants to learn Japanese.</u>

<u>Please tell me what you can do for him and why.</u>

No.1では引っ越すクラスメートに，No.2ではオーストラリアからの留学生に対してできることを英文で書くよ。間違えずに書ける単語や表現を使って短くまとめよう。

**No.1** 女：こんにちは，ジョン。クラスメートのエイコが東京を去り，

来月から大阪に住むことになったって知ってる？

もうすぐさよならを言わなければならないわ。

男：本当に，教子？それは知らなかったよ。とても悲しいね。

女：私もよ。エイコのために何かしましょう。

何ができるかしら？

男：（　　　　　）

**No.2** みなさん，こんにちは。

来週，オーストラリアから1人の留学生がこのクラスに来て，

一緒に1か月間勉強する予定です。

彼の名前はボブです。

彼はこの滞在を楽しみたいと思っています。

彼はスポーツが大好きで，日本語を学びたいと思っています。

あなたが彼のためにできることと，その理由を教えてください。

---

解 説
Explanation

No.1
東京から大阪へ引っ越すクラスメートにしてあげられることを書こう。
（例文の訳）
「花束をあげることができるね」
「(人)に(もの)をあげる」＝give＋人＋もの

No.2
スポーツが大好きで日本語を学びたい留学生のためにできることと，その理由を書こう。
（例文の訳）
「僕は彼と一緒にサッカーをすることができます。サッカーをしながら，彼と日本語で話をすることができるからです」

## 練習問題

解答　No.1　ウ　　No.2　They should tell a teacher.

No.3　（例文）I want to go to America because there are a lot of places to visit.

*Welcome to our school. I am Lucy, a second-year student of this school. We are going to show you around our school today. Our school was built in 2019, so it's still new.

Now we are in the gym.

We will start with the library, and I will *show you how to use it. Then we will look at classrooms and the music room, and No.1 ウwe will finish at the lunch room. There, you will meet other students and teachers.

After that, we are going to have *a welcome party.

There is something more I want to tell you.

We took a group picture *in front of our school.

No.2If you want one, you should tell a teacher tomorrow.

Do you have any questions?

Now let's start.

Please come with me.

Question No.1：Where will the Japanese students meet other students and teachers?

Question No.2：If the Japanese students want a picture, what should they do tomorrow?

Question No.3：If you study abroad, what country do you want to go to and why?

### 覚えたい表現 Memory work

★Welcome to 〜 .「〜へようこそ」

★show＋人＋もの「（人）に（もの）を見せる」

★a welcome party「歓迎会」

★in front of 〜「〜の前で」

「…ので〜したい」=I want to 〜 because …. は英作文でよく使う形なので覚えておこう。

**日本語訳**

私たちの学校へようこそ。私はルーシー，この学校の２年生です。

今日はみなさんに学校を案内します。

私たちの学校は2019年に建てられました，ですからまだ新しいですね。

私たちは今，体育館にいます。

まず図書館から始めましょう，その使い方を教えます。

それから，教室と音楽室を見て，No.1 ウ最後に食堂を見ます。そこで，
みなさんは他の生徒や先生と対面することになっています。

その後，歓迎会をする予定です。

みなさんにお伝えしたいことがもう少しあります。

校舎の前でグループ写真を撮りましたね。

No.2その写真が欲しい人は，明日先生に申し出てください。

何か質問はありますか？

では行きましょう。

私についてきてください。


Question No.1：日本の生徒はどこで他の生徒や先生と会いますか？

Question No.2：日本の生徒は写真が欲しい場合，明日何をすべきですか？

Question No.3：もしあなたが留学するなら，どの国に行きたいですか，
　　　　　　　そしてそれはなぜですか？

**解 説**
**Explanation**

No.1
他の生徒や先生と対
面する場所は食堂＝
the lunch roomだ
から，**ウ**だね。

No.2
Ifで始まる文の後半
の内容を答えればい
いね。

No.3
したいこととその理
由を答えるときは，
I want to 〜
because …. の形を
使おう。
（例文の訳）
「訪れるたくさんの
場所があるので，私
はアメリカに行きた
いです」

覚えたい表現 Memory work　**まとめ**　　← グループ分け

| P3 | What do you want to do in the future? | あなたは将来何をしたいですか？ |
|----|----|----|
| | by bike | 自転車で |
| | Can you 〜？ | 〜してくれませんか？ |
| | Can I 〜？ | 〜してもいいですか？ |
| | look at 〜 | 〜を見る |
| | have to 〜 | 〜しなければならない |
| P5 | What's the matter? | どうしたの？ |
| | last night | 昨夜 |
| | go to bed | 寝る |
| | get up | 起きる |
| | for 〜（期間を表す言葉） | 〜の間 |
| | stop 〜 ing | 〜することをやめる |
| | How about 〜？ | 〜はどうですか？ |
| | Thank you for 〜 ing. | 〜してくれてありがとう |
| | for 〜（対象を表す言葉） | 〜のために |
| P7 | What time shall we meet? | 何時に待ち合わせる？ |
| | the ＋最上級＋ in ＋○○ | ○○の中で最も… |
| | no ＋人 | （人）が1人も〜ない |
| | I've never 〜. | 私は一度も〜したことがない |
| | keep ＋人／もの＋状態 | （人／もの）を（状態）に保つ |
| P9 | school festival | 学園祭 |
| | look 〜 | 〜のように見える |
| | next to 〜 | 〜のとなりに |
| | I hear（that）〜. | 〜だそうだ |
| | be good at 〜 ing | 〜することが得意だ |
| | be glad to 〜 | 〜してうれしい |
| | over 〜 | 〜以上 |
| | make a speech | スピーチをする |
| | the number of 〜 | 〜の数 |
| | keep 〜 ing | 〜し続ける |
| | go up | 増加する |
| | go down | 減少する |
| P11 | Have you ever been to 〜？ | 〜に行ったことがありますか？ |
| | May I help you? | お手伝いしましょうか？／いらっしゃいませ |
| | look for 〜 | 〜を探す |
| | What are you going to do? | 何をするつもりですか？ |
| | go fishing | 釣りに行く |
| | May I speak to 〜？ | （電話で）〜さんをお願いできますか？ |
| P13 | You have the wrong number. | 番号が違っています |
| | I've just ＋過去分詞. | ちょうど〜したところだ |
| | be famous for 〜 | 〜で有名である |
| | How long does it take to 〜？ | 〜するのにどれくらい時間がかかりますか？ |
| | There is no 〜. | 〜がない |
| P15 | be ready | 準備ができている |
| | tell ＋人＋ to 〜 | （人）に〜するように言う |
| | Would you like some more? | もう少しいかが？ |
| | How much 〜？ | 〜はいくらですか？ |

| P17 | Are you free? | (時間)が空いている？ |
|---|---|---|
| | be out | 外出している |
| | want ＋人＋ to ～ | (人)に～してほしい |
| | Can I leave a message? | 伝言をお願いできますか？ |
| | Could you ～? | ～していただけませんか？ |
| P19 | What kind of ～? | どんな種類の～？ |
| | be surprised to ～ | ～して驚く |
| | decide to ～ | ～することに決める／決心する |
| | from A to B | A から B まで |
| | international | 国際的な |
| P21 | be held | 開催される |
| | on the second day | 2 日目に |
| | a long time ago | 昔 |
| | Shall we ～? | (一緒に)～しましょうか？ |
| P23 | What's up? | どうしたの？ |
| | for a long time | 長い間／ずっと |
| | the same time | 同じ時間 |
| | invite ～ | ～を招く／誘う |
| | how to ～ | ～する方法 |
| P25 | What happened? | 何かあった？ |
| | so…that ～ | とても…なので～ |
| | feel sorry for ～ | ～に申し訳なく思う |
| | tell ＋人＋ that ～ | (人)に～と言う |
| | improve | 上達する |
| | encourage ～ | ～を励ます |
| | since then | それ以来 |
| | keep ～ in mind | ～を心に留める |
| | look forward to ～ ing | ～することを楽しみにする |
| | do one's best | ベストを尽くす |
| P27 | ask ＋人＋ to ～ | (人)に～するように頼む |
| | each other | お互いに |
| | That sounds good. | それはいいね |
| | a lot of ～ | たくさんの～ |
| | actually | 実際に／実は |
| P29 | environment | 環境 |
| | more than ～ | ～以上 |
| | finish ～ ing | ～し終える |
| | one of ～ | ～の 1 つ |
| | the textbook says (that) ～ | 教科書には～と書いてある |
| | protect A from B | B から A を守る |
| P31 | as ～ | ～として |
| | my first time | (私にとって)初めてのこと |
| | be happy to ～ | ～してうれしい |
| | sang | sing「歌う」の過去形 |
| | How many hours ～? | 何時間～？ |
| P33 | say goodbye to ～ | ～にさよならを言う |
| P35 | Welcome to ～. | ～へようこそ |
| | show ＋人＋もの | (人)に(もの)を見せる |
| | a welcome party | 歓迎会 |
| | in front of ～ | ～の前で |

聞き違いをしやすい表現
**Easy to mistake**

17

## 1 聞き違いをしやすい数

サーティーン　　　　サーティ
thirteen「13」と thirty「30」

 アクセントの位置に着目

thirteen「13」と thirty「30」

| フォーティーン | フォーティ | フィフティーン | フィフティ |
| fourteen「14」と forty「40」 | | fifteen「15」と fifty「50」 | |
| シックスティーン | シックスティ | セブンティーン | セブンティ |
| sixteen「16」と sixty「60」 | | seventeen「17」と seventy「70」 | |
| エイティーン | エイティ | ナインティーン | ナインティ |
| eighteen「18」と eighty「80」 | | nineteen「19」と ninety「90」 | |

## 2 聞き違いをしやすい英語

キャン　　　　　キャン（ト）
can「できる」と can't「できない」

 次の単語との間に着目

can 〜　　　can't 〜

ウォント　　　　　　　ワントゥ
won't「しないつもり」と want to「したい」

フェアー　　　　　フェン
where「どこ？」と when「いつ？」

## 3 同じ発音で違う意味の英語

ワン　　　　　　　ワン
won「勝った」と one「1」

 単語の位置や文の意味で判断

「アイ ワン ザ プライズ」だったら
　→ I won the prize.
　　私は賞を勝ち取りました

レッド　　　　レッド
red「赤」と read「読んだ」

「アイ チョゥズ ワン」だったら
　→ I chose one.
　　私は1つを選びました

## 4 セットで読まれる英語

ゼァリズ
There is

 連語表現の発音に慣れよう
「ゼアー」と「イズ」を続けて読むと「ゼァリズ」
There　　　is

| ゲラップ | ピカップ | オプニット | シェイキット | トーカバウト | ハフトゥ |
| get up | pick up | open it | shake it | talk about | have to |
| ワノブ | ウォンチュー | ミーチュー | ディジュー | ミシュー | |
| one of | want you | meet you | Did you | miss you | |

# 高校入試対策

# 英語リスニング 練習問題

## 基本問題集

## contents

※**解答集は別冊です**

# はじめに

　グローバル化が急速に進展する中で，外国語によるコミュニケーション能力は，一部の業種や職種だけでなく，今後の生活の様々な場面で必要になってきます。

　学習指導要領では，小・中・高等学校での一貫した外国語教育を通して，外国語による「聞くこと」，「読むこと」，「話すこと」，「書くこと」の４つの技能を習得し，簡単な情報や考えなどを理解したり伝えあったりするコミュニケーション能力を身につけることを目標としています。

　これを受けて，高校入試の英語リスニング問題は，公立高校をはじめ私立高校においても，問題数の増加や配点の上昇が顕著になってきています。

　本書は，全国の高校入試の英語リスニングでよく出題されるパターンを，７つの章に分類し，徹底的に練習できるようになっています。リスニングの出題形式に慣れるとともに，解き方，答え合わせや復習のしかたがよく分かるようになるので，限られた時間の中で効率よく学習ができます。

　高校入試の英語リスニング問題は，基礎的な単語や文法が中心で，長文読解問題に比べればそれほど複雑な内容ではありません。聴き取れれば解ける問題ばかりです。

　本書で，やさしい問題から入試レベルの問題までを繰り返し練習し，入試本番の得点力を身につけてください。

## この問題集の特長と使い方

### １．準備をする！

　高校入試では一斉リスニングの場合がほとんどです。できればイヤホン（ヘッドホン）を使わずに，CDプレイヤーやスピーカーを準備しよう。

　問題は，章ごとに「基本問題」と「練習問題」があります。「基本問題」に取りかかる前に，「🖑 ポイント」を読んでおこう。 （🗨ヒント）や（📝メモ），（⚠ミスに注意）にも，あらかじめ目を通しておこう。

### ２．問題に取り組む！

　準備ができたら，集中して音声を聴こう。間違えてもいいので必ず答えを書くことを心がけよう。

### ３．解答だけを確認する！

　ひとつの問題を解き終えたら，解答集ですぐに答え合わせをしよう。このとき，まだ放送文や日本語訳は見ないでおこう。解答だけを確認したら，もう一度音声を聴こう。正解した問題は聴き取れたところを，間違えてしまった問題は聴き取れなかったところを，意識しながら聴いてみよう。

### ４．放送文を確認する！

　今度は，解答集の放送文（英文）を目で追いながら音声を聴いてみよう。このとき，キーワードやキーセンテンス（カギとなる重要な文）を確実に聴き取れるまで何度も繰り返し聴いてみよう。途中で分からなくなったら最初から聴き直そう。

## 5．覚えたい表現やアドバイスを確認する！

　　解答集では，英語リスニング問題でよく出る「覚えたい表現」や，同じパターンの問題を解くときのコツなどをアドバイスしています。よく読んでおこう。

## 6．日本語訳を確認する！

　　解答集は，放送文と日本語訳が見開きのページに載っているので，照らし合わせながら確認しよう。内容を正しく理解できているか，会話表現の独特な言い回しをきちんと把握できているかを確認しよう。知らなかった単語や表現はここでしっかりと覚えておこう。

- 音声を聞く前に選択肢の絵やグラフを見比べておこう。
- 絵やグラフを見比べたら，どんな英文が流れるか予想してみよう。
- 音声を聞きながら，答えに関係しそうな内容をメモしよう。

**基本問題A**　難易度 ★★★★★　　正答数 □ □ ／3　解答 ➡ P3

1回目　2回目

　次の対話を聞いて，そのあとの質問に対する答えとして最もふさわしい絵を，**ア**，**イ**，**ウ**，**エ**から1つ選び，記号を書きなさい。

## No.1
ア　　　　　　イ　　　　　　ウ　　　　　　エ

ヒント

職業を選ぶ問題かな？

## No.2
ア　　　　　　イ　　　　　　ウ　　　　　　エ

ヒント

「ヘルメットをかぶって自転車で公園に行き，野球をする」といった話かな？

## No.3
ア　　　　　　イ　　　　　　ウ　　　　　　エ

メモ

卵

みかん □ 個

りんご □ 個

ジュース

| No.1 | | No.2 | | No.3 | |
|------|--|------|--|------|--|

次の英文や対話を聞いて，そのあとの質問に対する答えとして最もふさわしい絵を，**ア，イ，ウ，エ**から1つ選び，記号を書きなさい。

## No.1

ア　　　　　イ　　　　　ウ　　　　　エ

## No.2

ア　　　　　イ　　　　　ウ　　　　　エ

## No.3

ア　　　　　イ　　　　　ウ　　　　　エ

| 昨夜 | 今朝 | 昨夜 | 今朝 | 昨夜 | 今朝 | 昨夜 | 今朝 |

## No.4

ア　　　　　イ　　　　　ウ　　　　　エ

6:00 AM 　7:00 AM 　8:00 PM 　11:00 PM

| No.1 | | No.2 | | No.3 | | No.4 | |
|---|---|---|---|---|---|---|---|

次の対話を聞いて，そのあとの質問に対する答えとして最もふさわしい絵やグラフを，
**ア，イ，ウ，エ**から１つ選び，記号を書きなさい。

## No.1

ア　　　　　　イ　　　　　　ウ　　　　　　エ

## No.2

ア　　　　　　イ　　　　　　ウ　　　　　　エ

## No.3

ア　　　　　　イ　　　　　　ウ　　　　　　エ

## No.4　「球技大会で何をやりたいか？」〜クラス別　アンケート結果〜

ア　　　　　　イ　　　　　　ウ　　　　　　エ

| No.1 | | No.2 | | No.3 | | No.4 | |
|---|---|---|---|---|---|---|---|

次の対話や英文を聞いて，そのあとの質問に対する答えとして最もふさわしい絵やグラフを，ア，イ，ウ，エから1つ選び，記号を書きなさい。

## No.1

ア　イ　ウ　エ

## No.2

## No.3

## No.4

- 音声を聞く前に，選択肢の内容を読み比べておこう。
- 対話を聞いて，最後の英文をメモしよう。
- 最後の英文が質問→質問の答えを選ぶ。質問ではない→話の流れに合うものを選ぶ。

**基本問題**　難易度 ★★★★★　　正答数 [1回目] [2回目] ／4　解答 ➡ P11

次の対話を聞いて，最後の英文に対する受け答えとして最もふさわしいものを，**ア**，**イ**，**ウ**から1つ選び，記号を書きなさい。

## No.1
ア　By plane.
イ　For six days.
ウ　With my family.

最後の英文
How long did you stay there? が聞き取れるかな？

## No.2
ア　Here you are.
イ　I'm just looking.
ウ　It's too expensive for me.

最後の英文

[　　　　　　]

this one?

## No.3
ア　Sorry, I'm busy.
イ　I hope the weather will be nice.
ウ　Nice to meet you.

最後の英文が質問ではない→話の流れに合うものを選ぼう。

## No.4
ア　OK. I'll call again later.
イ　Shall I take a message?
ウ　Hello, Yoko. How are you?

相手が不在だった時，電話をかけた側がよく使う表現を選ぶよ。

| No.1 | | No.2 | | No.3 | | No.4 | |
|------|--|------|--|------|--|------|--|

次の対話を聞いて，最後の英文に対する受け答えとして最もふさわしいものを，ア，イ，ウ，エから1つ選び，記号を書きなさい。

## No.1

ア　I don't know your phone number.

イ　I see. Do you want to leave a message?

ウ　Can you ask him to call me?

エ　I'm so sorry.

## No.2

ア　Sorry. I haven't washed the tomatoes yet.

イ　I don't think so. Please help me.

ウ　Thanks. Please cut these carrots.

エ　All right. I can't help you.

## No.3

ア　Ten o'clock in the morning.

イ　Only a few minutes.

ウ　Four days a week.

エ　Every Saturday.

## No.4

ア　Sure. I'll do it now.

イ　No. I've never sent him a letter.

ウ　Yes. You found my name on it.

エ　Of course. I finished my homework.

| No.1 | | No.2 | | No.3 | | No.4 | |
|------|--|------|--|------|--|------|--|
| | | | | | | | |

- 音声を聞く前に，選択肢の内容を読み比べておこう。
- 対話を聞いて，人物の名前や行動などをメモしよう。
- 質問を聞いて，誰の何についての質問かメモしよう。

**基本問題**　難易度 ★★★★★　　正答数　| 1回目 | 2回目 |　／3　解答 ➡ P15

次の対話や英文を聞いて，そのあとの質問に対する答えとして最もふさわしいものを，ア，イ，ウ，エから1つ選び，記号を書きなさい。

## No.1

ア　She is going to do Mike's homework with her husband.

イ　She is going to cook dinner in the dining room.

ウ　She is going to go to the dining room with Mike.

エ　She is going to eat dinner with her husband and Mike.

## No.2

ア　Yes, please. I want more.

イ　Help yourself, Lisa.

ウ　I'm sorry. I can't cook well.

エ　Of course. You can take it.

## No.3

ア　They are in the nurse's office.

イ　They are in the library.

ウ　They are at a stationery shop.

エ　They are at a birthday party.

マイク：□□□が終わった。おなかが□□。□□を呼びに行く。

母親：□□の準備ができた。

対話の最後のリサの勧めに対する答えを選ぶよ。

選択肢のThey areは共通だね。場所を選ぶ問題だよ。

| No.1 | | No.2 | | No.3 | |
|------|--|------|--|------|--|

次の対話を聞いて，そのあとの質問に対する答えとして最もふさわしいものを，ア，イ，ウ，エから1つ選び，記号を書きなさい。

## No.1
ア　This Saturday.
イ　This Sunday.
ウ　Tomorrow.
エ　Next Monday.

## No.2
ア　To do Tom's homework.
イ　To bring Eita's math notebook.
ウ　To call Tom later.
エ　To leave a message.

## No.3
ア　Because Mike said some museums in his country had *ukiyoe*.
イ　Because Mike learned about *ukiyoe* last weekend.
ウ　Because Mike went to the city art museum in Japan last weekend.
エ　Because Mike didn't see *ukiyoe* in his country.

## No.4
ア　It took about 25 minutes from Toyama to Kanazawa.
イ　Hiroshi walked from Kanazawa Station to Kenroku-en.
ウ　Hiroshi went to many countries during his holiday.
エ　Hiroshi took a bus in Kanazawa.

| No.1 | | No.2 | | No.3 | | No.4 | |
|------|------|------|------|------|------|------|------|
|  |  |  |  |  |  |  |  |

# 第4章　　語句を入れる

- 音声を聞く前に空欄を見て，聞き取る内容をしぼろう。
- fifteen「15」とfifty「50」などを聞き分けるために，数はアクセントに注意しよう。
- Tuesday「火曜日」とThursday「木曜日」の違いなど，曜日を正しく聞き取ろう。

**基本問題**　難易度 ★★★★★ 　正答数 ［1回目］［2回目］ ／6　解答 ➡ P21

**No.1** デイビッドと教子の対話を聞いて，【教子のメモ】のア，イ，ウにあてはまる言葉を日本語または数字で書きなさい。

【教子のメモ】

> お祭りのダンスイベント
> ・（　　ア　　）曜日に行われる。
> ・集合時刻は午後（　　イ　　）。
> ・集合場所は音楽ホール。
> ・Tシャツの色は（　　ウ　　）色。

お祭り：
□曜日〜□曜日

ダンスイベント：
□日目

開始時刻：午後□時

集合時刻：□分前

Tシャツの色：□色

**No.2** ケイトと英太の対話を聞いて，【英太のメモ】のア，イ，ウにあてはまる言葉を日本語または数字で書きなさい。

【英太のメモ】

> ・古い建物は（　　ア　　）である。
> ・約（　　イ　　）年前に建てられ，学校として使われていた。
> ・昔の人々がどのように（　　ウ　　）していたかを見ることができる。

⚠️ミスに注意

アクセントに注意して数を聞き取ろう。

| No.1 | ア | | イ | | ウ | |
|------|----|----|----|----|----|----|
| No.2 | ア | | イ | | ウ | |

**No.1** 　マイクとリサの対話を聞いて，対話のあとに【リサがナンシーの留守番電話に残したメッセージ】の**ア，イ**にあてはまる言葉を英語または数字で書きなさい。

【リサがナンシーの留守番電話に残したメッセージ】

> Hi, Nancy.　This is Lisa.
> Mike's brother is going to stay in Fukuoka for three weeks.
> So Mike and I have decided to take him to a ramen shop next（　ア　）.
> They will come to my house at（　イ　）, and we will walk to the shop.
> If you want to join us, please tell me.

**No.2** 　ジェームスとアヤの対話を聞いて，対話のあとに【アヤがジェームスに送ったメール】の**ア，イ**にあてはまる言葉を英語で書きなさい。

【アヤがジェームスに送ったメール】

> Hi, James.
> I enjoyed the concert today.
> I am happy because I can（　ア　）how to play the violin from you.
> I will see you at your house on（　イ　）.

| | | | | |
|---|---|---|---|---|
| No.1 | ア | | イ | |
| No.2 | ア | | イ | |

# 第5章　　　対話と質問（複数）

- 音声を聞く前に，問題文をよく読み，登場人物の名前や立場を把握しよう。
- 音声を聞く前に，選択肢（と質問）から聞き取る内容をしぼろう。
- 音声を聞きながら，「誰が何をした」に関する内容をメモしよう。

**基本問題**　難易度 ★★★☆☆　◎11　正答数 1回目□ 2回目□／4　解答 ➡ P25

ALTのブラウン先生とケンジの対話を聞いて，次の質問に対する答えとして最もふさわしいものを，**ア**，**イ**，**ウ**から１つ選び，記号を書きなさい。

**No.1**　What happened to Kenji's basketball team last week?
　ア　His team won the game.
　イ　His team lost the game.
　ウ　His team became stronger by practicing hard.

**No.2**　How does Kenji feel when he makes mistakes in the basketball game?
　ア　He always feels sorry for his friends in his team.
　イ　He doesn't understand how he feels.
　ウ　He is encouraged by making mistakes.

**No.3**　When will Kenji have his next game?
　ア　He will have it in December.
　イ　He will have it in November.
　ウ　He will have it in October.

**No.4**　Which is true?
　ア　Kenji learned that he could improve his basketball skills by making mistakes.
　イ　Kenji was encouraged by his friend's words and smile.
　ウ　Kenji has played basketball for ten years in America.

📝**メモ**

- 先週の試合でケンジのチームは □ た。
- ブラウン先生は □ で □ 年間バスケットボールをしていた。
- ケンジはミスをすると □ に □ と思う。
- ブラウン先生はミスをすると □ に □ いた。
- しかし，ブラウン先生の友達がまた □ すればいいと言った。その □ と □ に励まされた。
- ケンジはブラウン先生からとても □ なことを学んだ。今ではミスをすることで □ の技術が □ すると信じている。
- ケンジの次の □ は □ 月にある。
- ブラウン先生は □ を楽しみにしている。
- ケンジは □ つもりだ。

| No.1 | | No.2 | | No.3 | | No.4 | |
|------|--|------|--|------|--|------|--|

ダイキとキャシーの春休みの予定についての対話を聞いて，そのあとの質問に対する答えとして最もふさわしいものを，**ア，イ，ウ，エ**から1つ選び，記号を書きなさい。

## No.1
ア　He lived in Tokyo.
イ　He lived in Sydney.
ウ　He lived in Osaka.
エ　He lived in America.

## No.2
ア　Cathy will.
イ　Sam will.
ウ　Sam's parents will.
エ　Kate will.

## No.3
ア　Yes, she does.
イ　No, she doesn't.
ウ　Yes, she has.
エ　No, she hasn't.

## No.4
ア　She likes to send e-mails.
イ　She likes to go shopping.
ウ　She likes to go to the zoo.
エ　She likes to take pictures.

| No.1 | | No.2 | | No.3 | | No.4 | |
|------|--|------|--|------|--|------|--|
|      |  |      |  |      |  |      |  |

## 第6章　　　英文と質問（複数）

- 音声を聞く前に，問題文をよく読み，話をする人の名前や立場を把握しよう。
- 音声を聞く前に，選択肢（と質問）から聞き取る内容をしぼろう。
- 音声を聞きながら，キーワードをメモしよう。

**基本問題**　難易度 ★ ★ ★ ☆ ☆　◎13　正答数 [　1回目　][　2回目　]／3　解答 ➡ P29

　ALTのグリーン先生が夏休みの宿題について話をします。それを聞いて，次の質問に対する答えとして最もふさわしいものを，ア，イ，ウ，エから1つ選び，記号を書きなさい。

**No.1**　生徒たちには，どのような宿題が出されましたか。
ア　A report about one of the problems written in the textbook.
イ　A report about what the students did during summer vacation.
ウ　A report about how to use the city library.
エ　A report about people around the world.

**No.2**　教科書には，何をしなければならないと書いてありましたか。
ア　To read books in the city library for the report.
イ　To finish writing a report about the problems in our environment.
ウ　To learn about how the Internet can help the students.
エ　To keep thinking about protecting our environment.

**No.3**　生徒たちは，いつ先生に宿題を提出しなければなりませんか。
ア　After the next class.
イ　At the end of summer vacation.
ウ　At the first class after summer vacation.
エ　At the last class of this year.

📝メモ
- ［　　　］前の［　　　］。明日から［　］日間の休みに入る。
- ［　　　］問題についてのレポートを書く。英単語を［　　　］語以上使う。
- ［　　　　　　］についての［　　　　　　］を読み終えた。
- ［　　　　　］の中で［　　　　　　］がある問題を選ぶ。
- ［　　　　　　］には［　　　　　　］の誰もが環境を［　　　　　　］について考え続けなければならないと書いてある。
- 詳しく知りたい人は［　　　　　　　　］や［　　　　　　　　］の本を利用する。
- ［　　　　　　］でレポートを提出する。

| No.1 | | No.2 | | No.3 | |
|------|--|------|--|------|--|

教子が祖母の誕生日パーティーについて話をします。それを聞いて，そのあとの質問に対する答えとして最もふさわしいものを，ア，イ，ウ，エから１つ選び，記号を書きなさい。

## No.1
　ア　Kyoko's grandmother did.
　イ　Kyoko's mother did.
　ウ　Kyoko's father did.
　エ　Kyoko did.

## No.2
　ア　Because Kyoko makes a birthday cake every year.
　イ　Because Kyoko couldn't buy a cake at the cake shop.
　ウ　Because Kyoko's grandmother asked her to make a cake.
　エ　Because Kyoko's grandmother made a bag for her.

## No.3
　ア　Nine hours.
　イ　Six hours.
　ウ　Four hours.
　エ　One hour.

## No.4
　ア　She enjoyed a special lunch with her grandmother.
　イ　She sang a birthday song for her grandmother with her parents.
　ウ　She said to her grandmother, "Thank you."
　エ　She showed the bag to her grandmother.

| No.1 | | No.2 | | No.3 | | No.4 | |
|---|---|---|---|---|---|---|---|
| | | | | | | | |

- 音声を聞く前に，登場人物と作文の条件を確認しよう。
- 本文→質問の順で放送されることが多い。質問は確実に聞き取ろう。
- 自信のない表現は避け，自分が正しく書ける表現を使って英文を作ろう。

**基本問題**　　難易度 ★★★★☆　　◎15　　正答数 1回目 □ 2回目 □ ／2　解答 ➡ P33

**No.1**　ジョンと教子の対話を聞いて，教子の最後の問いかけに対する答えを，ジョンに代わって英文で書きなさい。

ヒント

転校していくクラスメートにしてあげられることを書こう。We can ～「(僕らは)～できる」の書き出しではじめよう。

**No.2**　ALTのデイビッド先生の話を聞いて，先生の指示に対するあなたの答えを2文以上の英文で書きなさい。

ヒント

2文以上で書くよ。質問で2つのことを聞かれるから，それぞれ1文ずつ書こう。1文目は主語＋can ～「～できる」の形で書くといいね。2文目の理由はIt's because ～ .「それは～だからだ」を使おう。

| No.1 | |
|---|---|
| No.2 | |

カナダの高校に留学にきた日本の生徒たちに向けてルーシーが学校の案内をします。その説明を聞いて，次の各問いに答えなさい。

　　**No.1**では，そのあとの質問に対する答えとして最もふさわしいものを，**ア，イ，ウ，エ**から１つ選び，記号を書きなさい。

　　**No.2** では，質問に対する答えをルーシーが説明した内容に合うように英文で書きなさい。

　　**No.3** では，質問に対するあなたの答えを英文で書きなさい。

## No.1

　ア　In the gym.
　イ　In the library.
　ウ　In the lunch room.
　エ　In front of their school.

## No.2 　（質問に対する答えを英文で書く）

## No.3 　（質問に対するあなたの答えを英文で書く）

| No.1 | |
|------|--|
| No.2 | |
| No.3 | |

# CDトラックナンバー 一覧

### 音声の聴き方

　ＣＤで音声を聴くことができます。ＣＤ以外でも，教英出版ウェブサイトでＩＤ番号を入力して音声を聴くことができます。ＩＤ番号を入力して音声を聴く方法は，都道府県版（別冊）の1ページをご覧ください。